高齢者とのコミュニケーション

利用者とのかかわりを自らの力に変えていく

野村豊子 著

中央法規

はじめに

　コミュニケーションの先に何があるのだろうか、という問いかけはソーシャルワークという対人援助の学びを始めるようになってから、いつも考えていることでした。対人援助職は「コミュニケーションを思いのままに扱う人」ではなく、相手との間に生まれてくるコミュニケーションにきちんと向かい合い、謙虚に考え、その次の一歩をともに歩んでいくという姿勢を基にしています。効果的なコミュニケーションとは何かを追い求めていくと、コミュニケーションを道具的に扱ってしまいがちになることへの反省も、この書を執筆した動機の1つです。

　コミュニケーションの媒体には、言語と非言語がありますが、とりわけ「非言語」が伝える語り手の思いを深く、広く考えることが大切です。言いかえれば、「今、ここで」の非言語的要素だけでなく、むしろ相手の高齢者の思いに含まれる香りや色、音、エネルギー、空間などに目を向けて大切にしていきたいと考えています。それらを外した状況でのコミュニケーションは全く異なるものになるからです。

　本書は、第1章でコミュニケーションとは何かを学び、第2章で自分自身の傾向、特徴などを理解し、それらを踏まえて第3章で高齢者とのかかわりについてさまざまな側面から考えるという3部構成になっています。また、各項目の最後に、自らのかかわりを振り返り、気づきを得られるような演習を設定しています。

　コミュニケーションは、常に展開し、刻々と変わっていくものです。語ったそばから言葉は消えていきます。また、病の影響により、語った内容だけではなく、語ったという行為自体を覚えていることの難しくなる方もいます。だからこそ、話を聴かせていただいた者の責任をできる限り受

はじめに

け止めることが必要なのではないかと思っています。

　人生のまとめを歩む高齢者とのコミュニケーションは、学ぶことができる、変わることができる、そして責任をもつことのできる高齢者の方々とのコミュニケーションです。また、本書で取り上げるコミュニケーションは、高齢者と対人援助職双方のエンパワメントを念頭に置いています。介護職などの対人援助職がアセスメントをきちんと行い、ケアに活かし、生活の質（QOL）を高めていくこと自体が、対人援助職のエンパワメントにつながります。そして、相手の高齢者の可能性をいっそう理解し、質の異なる新たな出会いへと循環していくのです。

　利用者によって成長させていただくということは、話を聴かせていただいた者の責任を基にしているからだといえます。かかわりの機会を得て、以前よりも相手の可能性をともに感じることができるようになったという「感謝」の裏には、「責任」があります。このように考えると、コミュニケーションは、言葉の交わし合いやふれあいを超えて、意味をもってくるように思います。

　本書を通して、高齢者にかかわる多くの方々に、コミュニケーションの温かく、流れるような通い合いの居心地のよさとともに、一本筋の通った通い合う人と人の姿をお伝えすることができれば幸いです。

Contents

はじめに

Chapter 1 コミュニケーションについて学ぶ

- 01 コミュニケーションとは ─── 002
- 02 介護におけるコミュニケーションの考え方 ─── 008
- 03 コミュニケーションの「得意」「不得意」について ─── 012
- 04 コミュニケーションを構成するもの ─── 020
- 05 コミュニケーションの伝達経路と雑音 ─── 024
- 06 コミュニケーションを深める環境づくり ─── 032
- Column カナダの老人ホームで感じたこと ─── 038

Chapter 2 自分自身について理解する

- 01 自分のコミュニケーションの傾向を知る ─── 042
- 02 自分自身を知り、適切に開示する ─── 052
- 03 自分の感情に気づき、認める ─── 060
- 04 自分の「関心」がどこに向いているかを意識する ─── 064
- 05 組織におけるストレスや葛藤と向き合う ─── 072
- 06 スケープゴートの存在を理解する ─── 076
- Column 組織の中で自分自身と向き合うためのキーワード ─── 082

Chapter 3 　高齢者とのかかわりについて考える

- 01　高齢者（利用者）を理解するとは ——————— 088
- 02　信頼関係を形成するために ————————— 096
- 03　高齢者の「察する力」「共鳴する力」に学ぶ ———— 102
- 04　「相談する」とは？　——なぜ、話しにくいことを話すのか — 108
- 05　高齢者の感情表現を受け止めるには ————— 116
- 06　閉じこもりがちな高齢者とのかかわり ————— 122
- 07　高齢者は「死」をどのようにとらえているか ——— 128
- 08　高齢者のセルフ・ネグレクトについて考える ——— 136
- 09　回想を通した高齢者とのコミュニケーション ——— 140
- 10　グループでのコミュニケーション ——————— 148
- 11　利用者とのかかわりにおける「ストレス」 ———— 154
- 12　家族を理解するとは —————————— 162
- 13　高齢者とのかかわりのなかで得られるもの ——— 170
- Column　四世代のジェノグラム ———————— 176

あとがき

索引

Chapter1
コミュニケーションについて学ぶ

コミュニケーションとは、意思や価値観、知識、感情など、すべてを含めた人と人とのかかわりです。利用者と共有できる「何か」を構築するための第一歩がコミュニケーションであるともいえます。ここでは、コミュニケーションそのものに焦点を当て、構成要素、理論の展開、特性、評価方法など、さまざまな視点から学びます。

1-01 コミュニケーションとは

　コミュニケーションとは、そもそも何でしょうか。コミュニケーションは、これまで、「信頼関係を築き、深めるためのコミュニケーション」「情報を伝え、共有するためのコミュニケーション」など、何か特定の目的を達成するための「手段」と考えられてきました。しかし、最近では、2人以上の人がそこにいるだけで「存在するもの」がコミュニケーションであるというように、コミュニケーションそのものの意味が問われるようになってきています。つまり、コミュニケーションは、「〇〇のための」と語られるような「手段的」な役割を果たすだけではなく、コミュニケーション自体が、人と人との意思や価値観、知識や感情などすべてを含めた「かかわり」を意味するものであり、相手と共有できる「何か」を構築する第一歩となるものであるという考え方です。

　コミュニケーションを「在るもの」として考えるとき、そこに存在する人たちは、「語り手」と「聴き手」という関係だけではなく、「同じ環境に存在してかかわり合っている2人」と位置づけることができます。

図1-1　コミュニケーションの2つのとらえ方

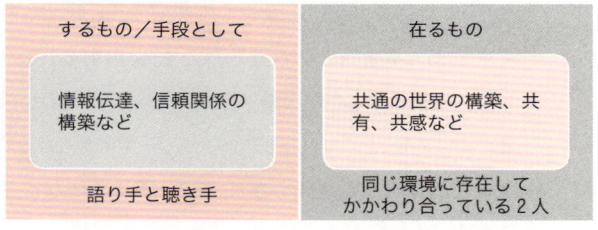

また、コミュニケーションを「在るもの」としてとらえると、相手が何らかの表現や行為を行った際に、それをどのように理解するのかといった理解の仕方（つまり非言語的表現の理解や「共感」「共鳴」などのかかわりの技能）が、よりいっそう重要になります。具体的には、相手を観察し、今、目の前で起こっている状況を全体としてとらえ、同時に全体と深く重なり合いながら見え隠れする個々の特徴や本質をとらえる必要があるといえます。そのため、介護職など、高齢者にかかわる対人援助職には、自分自身を分析し理解する力、謙虚さ、適切なバランスや忍耐力などを時間をかけて培い、自分のものとしていくことが求められます。

図1-2　「在るもの」としてのコミュニケーション

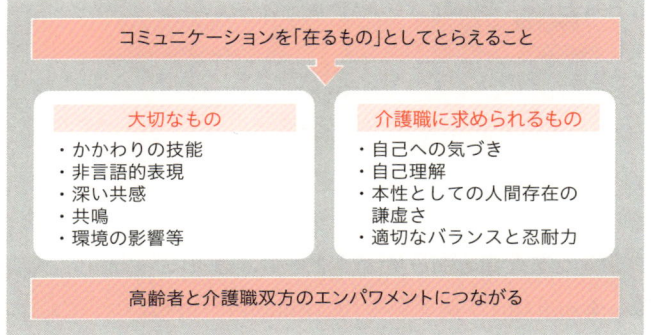

● **非言語メッセージを理解する枠組み**

　コミュニケーションの考え方として、相手の様子を観察し、理解するための枠組みが示されています。英語の頭文字をとって「PERCEIVE」（パーシーヴ）と言いますが、perceiveには「気づく、認める」という意味があることを考えると、ちょっとしたゴロ合わせのような感じがあります。

「PERCEIVE」の「P」はProximityで距離感、「E」はExpressionで表現、表情、「R」はRelative orientationでかかわりの際の位置取り、「C」はContactでふれあい、「E」はEye contactで視線を合わせること、「I」はIndividual gestureで個々のしぐさ、「V」はVoiceで声のトーンや質、最後の「E」は「A」に置き換えて、Adapterで適切な変換を表しています。

表1-1 非言語メッセージを理解する枠組み

Proximity	距離感
Expression	表現、表情
Relative orientation	位置取り
Contact	ふれあい
Eye contact	視線を合わせること
Individual gesture	個々のしぐさ、特定のジェスチャー
Voice	声のトーン、声の質
Adapter	適切な変換

上記の8つの視点のうち、人と人との距離感（Proximity）と位置取り（Relative orientation）、適切な変換（Adapter）について、コミュニケーションを「在るもの」としてとらえる視点から見直してみます。

● 距離感（Proximity）

人には、それぞれ、その人なりの「心地よい距離」があり、その距離は他人が決めつけることはできません。例えば、数人のグループから一人離れて座っているAさんの表情は、とても豊かで穏やかでした。しかし、Aさんに声をかけようと職員が近づいていくと、明らかに困惑した表情を浮

かべたのです。この状況をどのように理解したらよいでしょうか。このときAさんは、「一人で静かにしていたい」とか「そっとしておいてほしい」という訳ではなく、まわりからは「一人離れている距離」に見えても、Aさんにとっては「安心できる距離」「安心できる場」であり、Aさんとグループの間でコミュニケーションが成り立っていると考えることができます。

相談やカウンセリング、介護などの仕事に携わっていると、人に近づくことに慣れてしまいます。しかし、Aさんのように具体的なやりとりは何もしていなくても、そこにいること自体で「遠くかかわっている」というようなコミュニケーションもあります。このことにケアの現場で気づき、大切にすることができれば、一人ひとりの利用者について、今まで気づかなかった特徴やその人にとっての心地よい距離を理解するきっかけになります。

利用者との距離は、近いほどよいと思われがちですが、「近いこと」だけがよいのではありません。近づくときがあれば離れるときもある。そのように自由自在に動いてみてはじめて、その人に適した寄り添い方が見えてくることもあります。

● **位置取り（Relative orientation）**

位置取りとは、語り手と聴き手の位置関係や、役割や状況に応じた方向性のことをさします。位置関係には、正面に向き合う対面法や斜めに位置する直角法などがあります。また、役割や状況に応じた方向性は、例えば上司と部下、教員と大勢の学生、グループのリーダーと複数のメンバーなど、役割や状況に応じて変化するもので、この方向性がずれていると、コミュニケーションに違和感が伴うことになります。

筆者自身の経験では、認知症の高齢者とのコミュニケーションでは、そ

の人の安心できる距離感で、穏やかに目を合わせ、「私がいますよ」と示すことのできる位置を自然に探していたように思います。

● **適切な変換（Adapter）**

「適切な変換」とは、相手の傾向を「治療の対象」としてとらえて「修正する」のではなく、「特徴」としてとらえて「ケアに活かす方法を考える」というように、自分が相手に合わせて変わることをいいます。

日常の暮らしやケアの場面においては、性格や傾向などを含めて、相手と自分との関係でコミュニケーションが成立しています。相手の全体像の特徴をしっかりと理解していきたいと考えると、相手が見えてきます。相手を「理解できる」ということは、自分が相手との関係のなかで理解し合えるように変わったということもできます。これは、コミュニケーションを通してかかわり合う双方の人生にとって、かけがえのないものであり、ここに介護の仕事の醍醐味や、やりがいが含まれています。会話のなかで、「Ｂさんはこのような方なのだ」というように相手の傾向がしっかりと伝わり、見えるようになってきたとき、Ｂさんは長い年月、それを培って生きてきたので、その傾向を特徴として活かさない限り、本質的な問題に向き合うことはできないと思われます。

このように理解を進めると、コミュニケーションを何かの目的のために「するもの」と考えるのではなく、コミュニケーションの主体を高齢者に置き、コミュニケーションは高齢者同士または高齢者と介護職の間に「在るもの」と考えるほうがより適切であると考えます。

> **演習** 体験の振り返り

❶ 高齢者とのかかわりのなかで、コミュニケーションが難しかったときの体験を思い出し、なぜ難しかったのかを考えてみましょう。

❷ 高齢者とのかかわりのなかで、コミュニケーションに達成感があったときの体験、励みになったときの体験を思い出し、なぜそのときに達成感があったのかを考えてみましょう。

コメント

高齢者とのかかわりのなかで、コミュニケーションが難しかったとき、また、コミュニケーションに達成感があったときの両方の場面をしっかりと思い出したことと思います。それぞれの場面で、距離感、高齢者の表情、位置取り、声のトーンはどうだったでしょうか。また、あなたは相手の特徴や傾向に合わせて適切に変わることを心がけたでしょうか。数限りないコミュニケーションの機会を大切にし、高齢者とのかかわりの体験をきちんと振り返ることで、より適切なかかわりができるようになります。「振り返り」は、自分の過去の行為を、具体的な行動に焦点を当て、そのときの状況全体を脳裏に浮かべながら見渡してみることから始まります。そして、脳裏に浮かんだ多くの状況のなかから「これだ」と思える部分を選択しています。

1-02 介護におけるコミュニケーションの考え方

　コミュニケーションには、正解・不正解があるわけではありません。また、さまざまな要因の影響を受け、流行のようなものも生まれます。コミュニケーションに対する考え方の展開について学ぶことで、相手や自分のコミュニケーションを振り返る1つのものさしを得ることができます。

● 学問としてのコミュニケーション

　人と人とのコミュニケーションを客観的に観察し、分析し、理解する方法を検討してきたのが学問としてのコミュニケーションの始まりです。人と人とのコミュニケーションにおいて何か不具合が生じている場合について、その原因や修正方法を検討し、見つけ出してきました。コミュニケーションには、普遍的なコミュニケーションの流れと不具合が生じている場合のコミュニケーションの流れの2つがありますが、対人援助のコミュニケーションは、後者の領域のものです。つまり、対人援助のコミュニケーションは、コミュニケーション上の違和感を体験している人との関係性を変化させていくためのものといえます。不具合の修正を前提としたコミュニケーションでは、援助する人と援助される人の役割分担がはっきりしているという特徴があります。

　このような流れにおいて、新しく登場したのがナラティヴの考え方です。「語り」とも訳されますが、聴き手の側ではなく、語り手の考えを中心に据える考え方であり、そこでは、語り手主体が貫かれており、聴き手は黒子のように隠れています。ナラティヴの考え方を二者間のコミュニケーションと重ねあわせると、語り手が存在感を増し、聴き手を包み込むよう

なイメージです。かかわりとしては、聴き手を包み込むような語り手の存在を認め、語り手を中心に置きながら、語り手と聴き手相互のフィードバックが通い合うような関係を構築していきます。

● **高齢者と介護職のエンパワメント**

　図1-3では、コミュニケーションの双方向性に加えて、語り手の中心的な位置づけという特徴が明確に示されています。図の右半分の矢印は、高齢者と介護職との出会いからはじまり、高齢者の大切な情報をその人のケアに活かすことを目的として収集していくプロセスです。その人のケアに活かすことを目的として情報を収集しようとすると、高齢者とのかかわりのなかで、新たなコミュニケーションの方法が芽生えることもあります。介護職は、自分が変化していくプロセスを体験しながら、高齢者の大切な

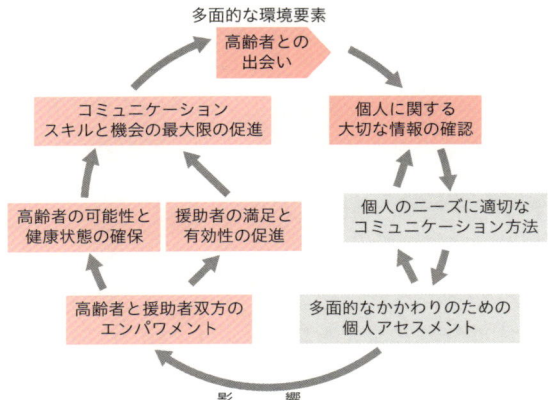

図1-3　高齢者と介護職のエンパワメント

出典：Ryan,E.B. et al., 'Changing the way we talk with elders: promoting health using the communication enhancement model', *International Journal of Aging and Human Development*, Reprinted with permission of Baywood Publishing, 41(2), 1995, 野村豊子訳

情報も的確に把握できます。また、限られたコミュニケーションのなかでありながら、多くの要素を含むアセスメントができます。介護職は、右半分の循環によって適切な情報を得て、自分のコミュニケーションの方法に気がつきながら変化させることができます。その結果、高齢者と介護職の関係性は出会った時よりも質が高くなります。

　次に左半分です。右半分のアセスメントのプロセスや関係性の進展により、高齢者と介護職の双方のエンパワメントが行われます。ここでは、自分の力をいっそう発揮できる可能性がある状況をエンパワメントとしますが、両者のエンパワメントをもとにしながら、高齢者のさらなる可能性と健康状態の確保を求めます。また、介護職自身の満足と自分のかかわりの有効性についても促進していきます。かかわりの有効性が見えるということは、介護職にとっては、新たな課題や困難な点も見えてくる段階であり、現実的な解決方法にたどりつく一歩前の状況といえます。そして、高齢者と介護職の双方にとり、自分のコミュニケーションの技術や方法に依拠しながら、これまで考えられなかった関係性や機会を最大限に促進することができる状況に展開していきます。このようにして、新たな高齢者との出会いがあり、また、同じ高齢者との異なる出会いがはじまっていきます。

　右半分と左半分の側面は、「影響」という矢印でつながっていますが、右側と左側では、高齢者と介護職のレベルが大きく異なる状況になっています。

● **介護におけるコミュニケーション**

　繰り返しになりますが、コミュニケーションは、高齢者と介護職、双方のエンパワメントにつながります。つまり、利用者のニーズを理解し、多面的にかかわるために行うアセスメントの過程は、その経過や結果などのすべてが、利用者と介護職の信頼関係が進展する過程だととらえることが

できます。コミュニケーションが双方向のかかわりであることやコミュニケーションにおける人と人との「絆」の重要性などと重ね合わせると、図1-3の理解が深まると思います。

　介護とコミュニケーションは、切り離して考えることはできません。適切なコミュニケーションは、高齢者の力や可能性を促進すると同時に、介護職の有効性と満足感を確かめることができ、エンパワーされた高齢者と介護職は、質の異なる新しい関係性へと進展していきます。

演習　コミュニケーション理論を学ぶ

　次にあげる参考文献などを読んでコミュニケーション理論について知識を養いましょう。

・野村直樹『やさしいベイトソン－コミュニケーション理論を学ぼう！』（金剛出版、2008年）
・野口裕二『物語としてのケア－ナラティヴ・アプローチの世界へ』（医学書院、2002年）

コメント

コミュニケーション理論やナラティヴの考え方は、日常の暮らしや介護職の仕事のなかに違和感なく存在します。理論や考え方をきちんと学んでいなくても特に困ることはないかもしれません。ただ、経験的に理解するだけでなく、理論や考え方を正しく知ることで、それらの考え方を意図的に取り入れることができます。さらに実践を見直すものさしの1つともなります。自分の日々の実践が、これらの理論や考え方とどのようにつながっているかという学びの体験はしっかりと記憶に残り、必要なときに取り出すことができるものになると思います。

1-03 コミュニケーションの「得意」「不得意」について

　介護の現場では、コミュニケーションが「得意な人」「不得意な人」という言い方をよく耳にします。一般的には「得意な人」ほどよいかかわりをしていると評価されがちです。果たしてそうでしょうか。ここでは、コミュニケーションが「得意な人」「不得意な人」とは、実際にどのような人のことをいうのか、それが利用者にとっての「よいかかわり」とどのように関係しているのかを考えてみたいと思います。

● コミュニケーションが「不得意な人」

　「自分はコミュニケーションが不得意だ。だから、あの話の上手なＣさんのように得意になりたい」「自分はコミュニケーションが不得意だ。だからこの仕事には向いていない」などと思っている人はいませんか。

　まず、押さえておきたいのは、コミュニケーションが相互のかかわりであることを考えると、介護職の「得意だ」「不得意だ」という意識は、高齢者にとってはあまり意味をもたないという点です。自分では「不得意だ」と思っている介護職ほど、よいかかわりをしていることも多いですし、自分で「得意だ」と思っている人が、必ずしも高齢者に受け入れられているとは限りません。コミュニケーションの得意・不得意はさまざまな軸で考えていく必要があります。

　コミュニケーションに深い関心があったり、よりよい援助者になりたいと思っている人ほど、「自分はコミュニケーションが不得意だ」と考える傾向もあります。このとき大切なのは、自分とコミュニケーションが上手なＣさんとの違いは何なのか、また、Ｃさんは、Ｃさん自身をどう見てい

るのかを幅を広げて考えることであり、得意・不得意をはじめから決められているかのように受け取ることは避けたいものです。Cさんは自分のことを「得意だ」とは思っていない可能性もありますし、もしかしたら「不得意だ」と思っているかもしれません。

　自分を変えたい、よくしていきたいと思うからこそ「得意」「不得意」などの評価をしがちです。自分は「不得意だ」と思っている人は、コミュニケーションの難しさの要因を相手に求めるのではなく、自分自身や相手とのかかわりに探し出そうとしています。このこと自体が大切な姿勢であると思います。

● **コミュニケーションの特徴**

　コミュニケーションは、人との差や自分の至らなさが見えやすいため、ついつい評価してしまうものです。偶然に発した一言で「素晴らしい人」と評価されることもあれば、反対に「とんでもない人」になってしまうこともあります。そのような評価を受けたときは、相手が何をどのように評価したかではなく、自分自身がどう感じているかを判断の基準とするとよいでしょう。

　意識していようといまいと、人と人が出会うところからコミュニケーションははじまっています。相手がそのコミュニケーションについてどのように思おうと、その場は過ぎていってしまい、二度と同じコミュニケーションは展開できないものです。だからこそ、相手がどのように感じたのかが気になるのだと思います。

● **得意・不得意はどちらでもよい**

　具体的な人や場面を想定せずに、漠然とコミュニケーションの得意・不得意を考えることには、あまり意味がありません。自分のコミュニケー

表1-2　**コミュニケーションの評価の視点**

What	何を評価するのか？
Who	誰が評価するのか？
Whom	誰を評価するのか？
Where	どこで（どのような場面で）評価するのか？
When	いつ評価するのか？
How	どのように評価するのか？
Why	なぜ評価するのか？

　ションについて、得意・不得意を感じたときは、「どのような場面で、どのような相手と、どのように展開して、それがどうだったか」を、実際に則して検討することが大切です。漠然とコミュニケーションが得意・不得意と評価するのではなく、何を根拠にそのように判断したかということを考えてほしいと思います。

　高齢者自身は、コミュニケーションについて、「どのような場面で、誰と話したときにどのように感じたか」などを後から振り返ったり、分析したりということはしないでしょう。したがって、かかわる職員がきちんと分析しなければ、その人との出会いやかかわりの善し悪しがみえてきません。介護職は、常に振り返りをしながら、そのかかわりが相手のためになったのかを考える必要があります。

　高齢者とのかかわりにおいて、コミュニケーションが得意か不得意かを分ける必要はないと思います。むしろかかわりの具体的な場面をはっきりと思い出すことができたり、そのときの様子を自分の脳裏に刻むことができれば、得意・不得意はどちらでも構いません。振り返ることができれば、今後、より深く考える際の素材になり、相手にも伝えることができるものになるからです。「自分はコミュニケーションが不得意だ」と思うときに

は、「なぜ、そのように思うのか」「いつ、どこで、誰と、どのようなかかわりの際に思ったのか」を具体的に描いたうえで考えたほうがよいでしょう。

● 振り返りの重要性

　自分自身を振り返り、気になる場面を脳裏に刻み、その状況を再現できるほどに理解していれば、必ず自分のなかにかかわりの力が蓄積されていきます。つまり「今ここでＤさんに会い、このように展開している状況には、以前に出会った多くの人や状況、場面によって培われてきた力が表れている」と考えられるようになります。Ｅさんに対してどのように対応したか、Ｆさんにはどうだったかなどの対応方法は、一つひとつ個別に存在するわけではなく、自分のなかでつながり、継続しています。

　目の前のＤさんとのかかわりのなかで、ＥさんやＦさんとのかかわりをしっかりと思い出すことができれば、介護職としてコミュニケーションが得意か不得意かということは話題にすらならないかもしれません。高齢者とのかかわりを継続性のあるものと考えることができていれば、コミュニケーションの力は十分に蓄積されているはずだからです。Ｄさんとのかかわりで難しさを感じたときに、ＥさんやＦさんのときはどうだったかを振り返ることで、Ｅさん、Ｆさんとの間で培った力をＤさんに反映することができます。反対に、Ｅさん、Ｆさんとの場面を思い出すことができなかったり、そもそもＥさんやＦさんの力を汲み取っていなければ、Ｄさんに対して活かすことができないことになります。それこそが、見直すべき点ではないでしょうか。

● 居心地のよいコミュニケーション

　コミュニケーションについて、対高齢者、対グループという場面で考え

たときに、「自分自身にとって居心地のよいコミュニケーションの状況」を思い浮かべることができるでしょうか。自分自身にとって居心地のよいコミュニケーションのイメージがあれば、別のイメージをもっている高齢者に対して無理なく合わせられるように思います。

　コミュニケーションは、1対1というシステム的な関係性のなかでとらえることや、構成要素に分けて考えるという流れのなかで、「居心地のよさ」のような全体としてとらえる考え方がされなくなってきています。それは、少し残念です。「居心地のよさ」の部分を排除してしまうと、コミュニケーションのスキルはアップしても、結局相手は居心地のよさは感じていないという状況になってしまいます。

●セラピーやカウンセリングの影響

　コミュニケーションについて「得意・不得意」がいわれるようになったのは、セラピーやカウンセリングの影響もあるように思います。セラピーやカウンセリングはあくまでも「特別なコミュニケーション」であり、日常生活のコミュニケーションではありません。セラピーやカウンセリングがコミュニケーションの代表ではないので、そのものさしを日常生活におけるコミュニケーションに当てはめて、比較し、自分や他人が得意か不得意かを評価するのは意味がないように思います。

　限られた時間や場面で、治療や課題の解決のためにかかわっている専門職は、目標や目的をより明確にして集中的にコミュニケーションの機会をもちます。一方、介護職は、高齢者にとって日常的な生活場面でかかわるため、何かの目的のためのコミュニケーション、時期を区切ったコミュニケーションばかりではないことを意識しておく必要があります。

　例えば、認知症の高齢者のBPSD（Behavioral and Psychological Symptoms of Dementia；行動・心理症状）の本質的な考え方は、原因を明らかにし

て行動変容をうながしていくというものですが、そのかかわりは「特別なコミュニケーション」です。もちろん大切なかかわりではありますが、それ以外の行動やコミュニケーションも数限りなく存在しているのが生活です。そして、その全体にかかわることが「高齢者ケア」であり、介護職はまさにその全体にかかわる職種であるといえるのではないでしょうか。だからこそ、面白くもあり、難しいのだと思います。

● 相手との距離

　コミュニケーションは、相手との間に一定の距離があることで意味があるという側面ももちます。その距離感は人によって異なるため、とても難しいものです。人間関係全体で考えると、どこかで密接な関係性があるからこそ、一方で適度な距離感のある関係を築くことができるように思います。

　もちろん介護職の場合は、高齢者と距離感のある関係だけでは成り立ちません。よく「巻き込まれてはいけない」「寄り添いすぎてはいけない」などといわれますが、介護職は、時には、巻き込まれたり、ぴったりと寄り添わなければならない場面もあります。距離感があって、場面が設定された関係であれば、それを後まで引きずるということはそれほどないかもしれません。しかし、介護職は、じっくりと話を聴いた後すぐに、食事や入浴の介護でまたかかわるという連続した関係であり、全体としてコミュニケーションを展開しているので、相手との距離をうまく使い分けなければなりません。人の生活には距離感のある関係と密接な関係の両方が必要であり、高齢者自身はそのありようをわかっていて、適宜、使い分けているように思います。

　コミュニケーションは、結局は相手から戻ってくるものなので、相手の

思いや希望が伝わってくれば、そのこと自体を受け止め、満足したいと思います。それ以上に考え込んだり、思い悩むことよりも相手の思いや希望をしっかりと見つめ、向き合うことに力を注ぐことが大切です。

演習　本当に大切なものを知る

❶ 数人のグループになり、1人がゆっくりと下記の文章を読みます。他の人は目をつぶり、状況をイメージしながら聴きましょう。

> どこに行くというわけでもなく、特に暗い気持ちでもなく、淡々と森の中の道を歩いている。それは長い道で、少し疲れてきたし、あたりは少しずつ暗くなってきた。ふと目を上げると遠い先に小さな明かりが見えた。その明かりの方向に進んでいくと、小さな家があった。扉を叩いてみたが、誰の声もしない。そっとドアを開けて中に入ると、別の部屋から白いひげをはやした老人が現れ、やさしい目で見つめられた。その老人と深い話をしたわけではないが、とても居心地がよかった。その部屋には小さな薪の暖炉があって、老人は「これを持っていったらいいよ」と暖炉の上にある小さな箱をくれた。

あなたは、白いひげの老人にもらった箱を大切に持ち帰りました。その箱には何が入っていると思いますか。グループ内で発表してみましょう。

❷南太平洋の無人島に3か月、1人で滞在することになりました。2つだけ物を持っていけるとしたら何を持っていきますか。グループで発表し合い、マズローの欲求階層説と絡めて考えてみましょう。

マズローの欲求階層説

- 自己実現の欲求
- 自尊欲求
- 所属・愛情の欲求
- 安全の欲求
- 生理的欲求

❸『なしとりきょうだい』という民話を知っていますか。3人の息子が病気のお母さんのために梨を採りに行く話です。途中で会ったおばあさんの忠告を聞かなかった2人の兄は、沼の主に飲みこまれてしまいますが、いちばん下の三郎は忠告を守り、無事に梨を採って帰ってきます。

　この民話の伝えていることの1つは、人生の決断のときに何を選ぶか、人生の危険にどう対応するかという選択、決断の大切さと難しさです。道なき道を行くときに何を信じていくのか、自分自身について考えてみましょう。

> **コメント**
>
> 高齢者とのかかわりにおいて、コミュニケーションが得意か不得意かを考えることよりも、自分の価値観や日頃から何を大切にしているのか、何が選択の基準になっているのかなど、自分自身について十分に知ることが大切です。また、知ろうとする勇気が必要でしょう。

1-04 コミュニケーションを構成するもの

● コミュニケーションの構成要素

　人が2人存在する状況でコミュニケーションが成立しているとき、その構成要素について考えてみましょう。

　二者間のコミュニケーションの過程には、さまざまな構成要素が含まれています。まず、メッセージを送る人（コミュニケーションを始める人）である「送り手：Gさん」、メッセージを受け取る人である「受け手：H

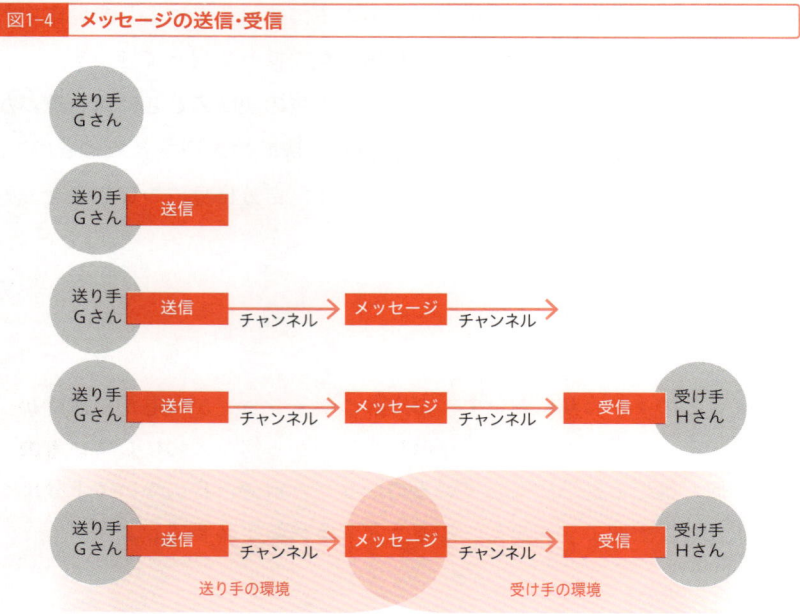

図1-4　メッセージの送信・受信

出典：Adler,R.B. & Towne, N., *Looking Out/Looking In*, Holt, Rinehart and Winston, pp. 21-26, 1981, 野村豊子訳

さん」、そして2人の間を伝わる情報である「メッセージ」があります。さらに、送り手の心や頭に浮かんだイメージを相手に送るために記号化した「送信」、受け手が解読した「受信」があります。

　コミュニケーションが成立している状態では、1人の人のなかに、「送り手」と「受け手」の両方の役割があることになります（図1-5（24頁）参照）。

● **介護職のかかわり**

　ここで、送り手として、介護老人福祉施設（特別養護老人ホーム）で暮らしているJさん（90歳）を想定してコミュニケーションの過程を考えてみましょう。Jさんは自分が送りたいと思っている情報をすべて「送信」に換えることが難しくなっています。Jさんは、言いたいことや伝えたい思いがあっても、それを十分に表現することができずにもどかしさを感じていたり、送りたい情報の背景にある「意欲」や「希望」「意思」などが、妨げられている可能性も考えられます。このようなJさんに対して、介護職にはどのようなかかわりが求められるでしょうか。

　まず、Jさんが送信する内容は、Jさんの内的世界に含まれているものです。この内的世界は、何らかの刺激を受けて動き始めるので、Jさんの内的世界に適切な刺激が十分に存在しているかどうかが重要になります。つまり、適切な刺激が十分でないために「何をしたい」という思いが湧いてこない場合には、Jさんの内部で「送信」が形づくられることは限定されます。また、たとえ言いたいことや伝えたいことがたくさんあったとしても、Jさんの機能上の障害のために「送信」に変換することが難しい場合もあります。したがって、介護職はJさんの内的世界に適切な刺激が十分に存在するように、環境やかかわりを調整する必要があります。そのうえで、Jさんの機能上の障害に配慮し、「送信」への変換を補う方法を検

討します。

● **生活史と環境の調整**

　Jさんについて、こんなエピソードがあります。あるとき、居室ではなく、外の春めいてきたさわやかな空気を吸いながら話をしましょうということで、散歩道を車いすを押しながら一緒に歩きました。桜の花が咲き始めた時期で、桜の木のそばに行くとJさんは、「青い空が見えますね」と言いました。桜のことではなく、空が青いといったJさんに「桜が咲いている、ではなく『青い空が見える……』と思われるのですね……」と返すと、趣味だったという染め物の話に花が咲きました。染色には、季節や気温、天候などが微妙に影響するとのことでした。このとき、車いすに座って桜を見ようとすると下から見上げる格好になり、桜の淡いピンクと空の青さの対比も加わり、空がはっきり見えるということにも気づかされました。

　Jさんは、桜の木の皮で糸を染める方法について、不自由な手を使いながら、どのように木の皮を浸すのか、どのように絞るのかなどを詳しく教えてくれました。桜の木の香りが伝わってくるような話を聴きながら、気が付くと30分くらい時間が経過していました。

　Jさんは、施設のなかでは「あまり注文をしても仕方がない。郷に入れば郷に従え……。そこそこの暮らしをすればよしとします」とされる人で、自分から何かをしたいとは言わない人でした。したがって、居室で話を聴いていたら、Jさんはこんな話をしなかったと思います。咲き始めたばかりの桜の花と青空を見て、そのときの空気、気温、湿度、においなどが刺激となって、染め物の話をしてくださったのだと考えられます。

演習　コミュニケーションの構成要素

　メッセージの「送り手」「受け手」「伝達媒体」としての自分の特徴をそれぞれあげてみましょう。特に相手への影響が大きい非言語的な要素（服装、視線、色使い、表情、声のトーンなど）の特徴をあげてみましょう。

	特徴
送り手	
受け手	
伝達媒体	

コメント

コミュニケーションにはどのような構成要素があるのかを理解することが大切です。そのうえで、構成要素の1つとしての自分にはどのような特徴があるのかを考え、書き込むと自分の特徴を客観的にとらえることにつながります。

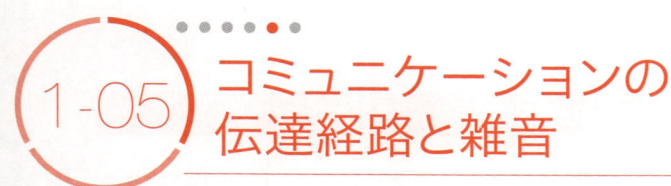
1-05 コミュニケーションの伝達経路と雑音

● **コミュニケーションの伝達経路**

下の図1-5を参考に、コミュニケーションにおける情報の伝達経路とコミュニケーションを妨げる「雑音」について考えてみましょう。

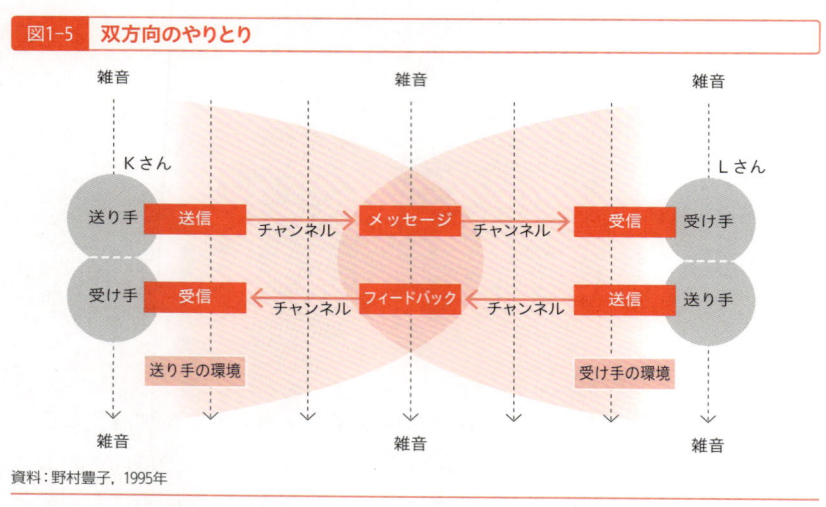

図1-5 双方向のやりとり

資料：野村豊子，1995年

「送り手」Kさんの内部で記号化された「送信」は、さまざまな伝達経路を通って「メッセージ」として伝わります。「送信」をメッセージとして伝える経路には、大きく分けると「言語」によるものと「非言語」によるものの2種類があります。「言語」によるものとしては、話し言葉、書き言葉、手話などがあり、「非言語」によるものとしては、ジェスチャー、表情、声のトーンや調子、話すスピード、身体的な接触、香り、服装や髪

型などがあります。[1-01]で説明した「距離感」も非言語の伝達経路の1つです。すべての伝達経路のうち、言語的なものが伝えるメッセージが2〜3割であるのに対して、非言語的なものが伝えるメッセージは7〜8割を占めるといわれています。

　通常、コミュニケーションでは、言語的な経路と非言語的な経路の両方を通して1つのメッセージを伝えます。したがって、この2つの経路から矛盾した内容が伝わってくるときには注意が必要です。例えば、入居して間もないＬさんに対して、介護職が「Ｌさん、新しい暮らしには慣れましたか」と尋ねたとします。これに対してＬさんが「ええ、皆さんが本当によくしてくださいますので」とにこやかに答えた場合と、言葉では同じように言いながらも、低い声でうつむき加減に答えた場合とでは、発信するメッセージはまったく異なるものになります。後者のように、言語的な経路からのメッセージと非言語的な経路からのメッセージが矛盾している場合は、十分に関心を寄せて、注意して対応する必要があります。

● 人の話に含まれる4つの側面

　人の伝える話には、図1-6に示す4つの側面が含まれています。この4つの側面のうち、感情（思い）は、非言語的な経路を通って伝わる場合が多く、メッセージを言語的な経路を通して理解することに慣れていると、「言葉とは裏腹な思い」を見逃してしまうこともあります。先ほどのＬさんの例のように言語的な経路と非言語的な経路から伝わるメッセージが矛盾している場合は、受け手に「何となく腑に落ちない感じ」を残します。このようなときは、意識的に非言語的な経路から伝わるメッセージに注目し、耳を傾ける必要があります。

　また、「沈黙」は言葉以上に感情を伝えるといわれます。例えば、伝わってきたメッセージに対する驚きや困惑、遠慮（そうは思わないが、あ

えて表現しないほうがよい)、考えがまとまらない、考えはまとまっているが、ここでは言わないと決めているなどです。認知症の人の場合は、上記のようなさまざまな理由で沈黙しているうちに元の文脈を忘れてしまい、頭に浮かんだ別の文脈から出てきた答えを口にすることもあります。その結果、話が「つながっていない」ようにみえることもあるのです。沈黙はさまざまな感情が含まれる重要なメッセージであることを意識しておくことが大切です。

図1-6　人の話に含まれる4つの側面

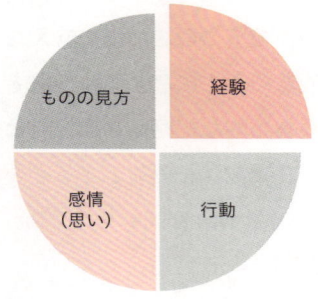

● 雑音

　コミュニケーションを妨げる要因の1つに「雑音」があります。図1-5の「点線」で示されている部分です。雑音には「物理的雑音」「身体的雑音」「心理的雑音」がありますが、最近ではこれに「社会的雑音」を加えて考えるようになってきました。

❶物理的雑音
　大きな音や耳障りな音などの「音」に関係したものと、不適切な温度や

表1-3 雑音の種類

種類		例
❶物理的雑音	音に関するもの	大きな音、耳障りな音　など
	それ以外	不快な温度、空気、におい、光　など
❷身体的雑音		聴力障害、言語障害、入れ歯や補聴器の不具合　など
❸心理的雑音		防衛機制*　など
❹社会的雑音		偏見や誤解に基づく先入観　など

*外界に適合するための自我の心理機制。人が不快な緊張感を解消し、心理的に満足を得るためにとる無意識的な解決方法。

汚れた空気、悪臭、不適切な光の強さなどの音以外のものがあります。建築上の課題を解決していくとともに、例えば高齢者の居室を訪問する際には、部屋のテレビを消してもらってから話をするなど、物理的雑音をできるだけ取り除くと効果的な場合があります。

❷身体的雑音

　疾病による聴力障害や言語障害など、身体に障害があるためにコミュニケーションが妨げられている場合をいいます。入れ歯や補聴器などの補助器具の不具合により、コミュニケーションが妨害されているような場合も身体的雑音にあたります。

❸心理的雑音

　心理的雑音としての防衛機制は、自己概念が脅かされたり、壊されたり、自分自身が傷ついたりしたとき、また、急な変化に直面したときなどに無意識的にはたらきます。防衛機制は、極端に偏って使われたり、気づかないまま何度も繰り返し使われたりしている場合にコミュニケーションを妨

げる心理的雑音になりやすいといった特性があります。

表1-4　防衛機制

合理化	自己の概念が脅かされたときに最も一般的・日常的に用いられる防衛機制の一種。自分の保っていたい姿（真実の姿ではないが）を守るために、本当とはいえない理由づけをしっかりと行う。
転位	ある特定の人や状況について抱く思いや葛藤を、社会的に受け入れられやすい人や状況に置き換える。
昇華	自らのもつ衝動が目的とするものを、社会的に受け入れることのできにくいものから、芸術や学業などへと置き換えて、本来のエネルギーを昇華させる。
知性化	受け入れることの難しい感情や衝動を実際に味わうのではなく、理性的に考えるほうに向ける。極端な知性化がはたらくと、非常に重要で感情を揺り動かす体験をたっぷりと話しているのに、その思いや状況を感じていないようにみえる。
逃避	不安を起こさせるほどの重要な困難に遭遇したおりに、その状況から逃げる。
攻撃	逃避とは反対に、不安を起こさせる困難に直面したときに、自分のほうからさまざまな先制攻撃をする。
抑圧	思いたくないことを気づかないようにしたり、無意識の世界に閉じ込めておく。ひどく傷ついた思いを抱いた体験の記憶を失っている場合もある。
否認	抑圧よりも表面化していた自分の欲求を、無意識のうちに否定する。
反動形成	抑圧と同様に反動形成は、思いたくないことを無意識の世界に閉じ込めようとするが、その方法は、意識の世界で行われるであろうとされる行為とは正反対の行為となる。
補償	劣っていたり、欠落していたりするところを、過度に優越感を抱くことで埋め合わせようとする。

出典：『おはよう21』4 (11)、58頁、1994年

❹社会的雑音

　社会的雑音としては、偏見や誤解に基づく先入観があります。物理的雑音、身体的雑音、心理的雑音とは異なり、社会や地域、家族、学校等の自分の外の影響を受けて知らず知らずのうちに、形づくられた雑音です。そのために、自分では、コミュニケーションを妨げる雑音として認識していないことが多く、介護職として他者にかかわっているからこそ見えてくるものといえます。また、家族や職場でのコミュニケーションでは、同じよ

うな考え方、価値観の人が集まっていることも多いので、「雑音」にならない場合もあります。

　社会的雑音は、他の雑音に比べて、取り除くことがとても難しいという特徴があります。雑音として、残り続ける類のものかもしれません。長い時間をかけて自分の中に培ってきているものなので気づきにくいのですが、それでも気づくことがとても大切です。相手の尊厳を真ん中に据えることで、はじめて気づくことができるものともいえます。

　このようなさまざまな妨害要素にもかかわらず、私たちは他者と相互に意思を交流させ、ふれあい、ごく自然にコミュニケーションを行っています。介護職としての仕事上、またはプライベートな暮らしのなかで、コミュニケーションについて極端に気にかかる場面に行き当たったときには、コミュニケーションを構成している要素に着目し、さらにコミュニケーションを邪魔する要素について具体的に検証し、必要に応じてこれまでのコミュニケーション方法を変えていく勇気が必要です。

● 内的世界の相違とコミュニケーション

　コミュニケーションを妨げる可能性のあるものの1つに、「自分は何者か」という自己概念や価値観（個人的な価値観・専門職としての価値観）、人間観、世界観、宗教、生きがい、性格などの「内的世界」があります。ただしこれらは、コミュニケーションを妨げるだけではなく、コミュニケーションを促進し、深める要素でもあります。

　例えば、Mさんが発信するメッセージが、Mさんの価値観、人間観、世界観、宗教、生きがい等を背景として形づくられているとすれば、十分なコミュニケーションのためには、Mさんの内的世界を構成する要素を深く知る必要があります。反対に、自分が「送り手」の場合は、自分の価値観、

人間観、自己概念、世界観、その他多くの内的世界の要素がどのようなものであるかを知ったうえで送信することが望まれます。

　内的世界の相違は、コミュニケーションの促進要因にも阻害要因にもなり得るものです。相手と異なる場合に阻害要因になるということではなく、相手が「同じであること」をよしとしているか、「違っていること」をよしとしているかという価値観自体に関心をもち、見極めることが大切です。

演習　雑音の体験

〈手順〉

1. 3人1組になって「語り手」と「聴き手」「雑音係」の役割を決めます。
2. 語り手は、「昨日の出来事」など、何か話しやすいことを話します。
3. 話しはじめてしばらく経過したら、雑音係が楽器などを鳴らしながら2人のまわりを歩きます（語り手と聴き手は話を続けます）。
4. 再度、静かな環境で話を続け、しばらく経過してから今度は雑音係が部屋の電気を消します（同様に話し続けます）。
5. しばらくして、電気をつけます。

〈課題〉

1. 雑音係が楽器などを鳴らしながら歩き回っているときと、電気が消えたときに、それぞれどのように感じたかを話し合ってみましょう。
2. 音による雑音と光による雑音の影響の違いについて考えてみましょう。

> **コメント**
>
> コミュニケーションを妨げる雑音のうち、物理的雑音はもっとも見えやすい一方で、語り手と聴き手の間で受け止め方に違いがあったときに、その原因として意識するのが難しいものでもあります。見えやすいからこそ理解しにくいといえるかもしれません。物理的雑音には、はじめから備わっていて変えにくいものもあります。光や音、空気、家具の位置などが人と人とのコミュニケーションの雑音になる可能性について考えてみてください。

1-06 コミュニケーションを深める環境づくり

●「全体的なもの」としての環境

　何かの目的のために、手段的に用いるコミュニケーションも重要ですが、コミュニケーションを「在るもの」と考えると、周りの環境の在り方についても見方が変わります。つまり、コミュニケーションのためにいろいろな物を持ってきたり、飾ったりするのではなく、コミュニケーションとともに在るものとして環境をみていく視点です。

　音やにおい、色に対する感性は、一人ひとり異なります。それは、幼い頃から培ってきたものでもあり、また歳を重ねるとともに変化もするので、専門職にはきちんとしたアセスメントが求められます。

　その人にとって心地よいコミュニケーションは、それらの刺激と結びつく情感、語ることのできるエピソード、イメージなどが重なり合って展開するものです。心地よい刺激とは、特定の物によるものではなく、全体的なものであって、特にコミュニケーションの展開、促進、相互の通い合いを促す刺激は、「全体的なもの」として伝わり、それが「コミュニケーションを深める環境」ということができます。

　私たちの生活環境において、すべての空間を自分の好きなように構成できるという状況はほとんどありません。自分の好きな空間とそうでない空間があり、その「違い」が刺激になることもあります。つまり、どこかに居心地のよいスポット、お気に入りの場所があって、そこに行けば心地よさ、自分らしさを感じることができるという場所があることが大切です。そのような場所があれば、「特別な場所に行く」という楽しみを味わうこともできます。

● **コミュニケーションに適した場**

　コミュニケーションに適した場とは、「さまざまなイメージが湧くような場」ともいえます。つまり何かを生み出していく予感のようなものが必要です。

　コミュニケーションでは、相手が何に関心をもっているのかを把握することが大切ですが、それは、相手に関心を寄せながら過ごしていれば必ずわかります。反対に、たとえどんなに長い時間を共有していても、相手に誠実な興味をもっていなければ見えているものは全く異なります。コミュニケーションを深める環境づくりでは、相手が何に興味を示すのか、何に感情を動かされるのかを把握することが重要です。このとき、よい反応を示すものばかりではなく、マイナスの反応を示すものやまったく反応を示さないものも同様に大切にします。コミュニケーションに適した空間は、好きな物だけに囲まれている状況というわけではないからです。

　人にはそれぞれ、自己の内部を表現しやすい環境と表現しにくい環境があります。それは光の強さや空間の広さ、目に映る景色や聞こえてくる音など、総合的に形成されているといえるでしょう。何かさえぎるものがあるほうが落ち着く人もいれば、何もない空間を選ぶ人もいます。

● **場に適したコミュニケーション**

　コミュニケーションと「場」の関係では、「場」に適したコミュニケーションという視点も大切です。高齢者の居住施設やグループホームには、多くの場合、共用スペースと個室があります。共用スペースには、共用スペースに適した環境やコミュニケーションがあります。共用スペースにふさわしい姿勢や振る舞いは、自分の部屋での姿勢や振る舞いとは異なります。個性の表れ方がその場にふさわしいものであれば、それはその人に「場にふさわしいコミュニケーションを行う力」が備わっているというこ

とができます。

　例えば、共用スペースで、複数の人がいる場ではじっと黙っていた人が、一歩その場を離れたとたんに、小声で「さっきのあれは……」「あの場では言わなかったけれど……」と１対１のコミュニケーションを始めることがあります。このような行動は、グループでのコミュニケーションと１対１でのコミュニケーションとの「場」の違いを踏まえ、コミュニケーションを変化させているということができます。このような「場とコミュニケーションとを調整する力」は、歳を重ね、数限りない場の相違を体験するなかで、よりいっそう高くなっていくものなのかもしれません。それは「遠慮」「我慢」「あきらめ」として表れることもあるということに介護職は気づく必要があります。

● 環境の相違とコミュニケーション

　コミュニケーションに影響する「環境」には、例えば言語、民族、国籍、出身地、文化、年齢、習慣、教育的立場、家族関係など多くの内容を含みます。２人以上の人が存在するとき、これらの環境が重なり合う部分においてメッセージのやりとりが行われますが、これらの環境の重なりは、コミュニケーションを阻害する要因にもなり得ることを理解しておきましょう。

　また、環境の相違があるとメッセージのやりとりが難しくなるかというとそうでもありません。もともと「環境がまったく同じ２人が存在する」と想定すること自体が非現実的です。介護職は、相手の環境と自分の環境の相違によるコミュニケーションの難しさに配慮しつつ、相手の環境を尊重しながら適切な方法を選んでいく必要があります。つまり、介護職としてかかわる際に、一概に、「共通の環境」があること自体が最良の関係につながるともいえないところに、専門職としての価値観・技能・資質が求

められます。

　一方で、現在の高齢者施設などの状況を考えてみると、高齢者と介護職との年齢が2回りも3回りも離れていることも少なくありません。したがって高齢者とのコミュニケーションを考える際には、高齢者が属している文化、習慣、経験、社会的背景、言葉、表現方法などに関するさまざまな知識が必要です。そして、介護職には異なる環境を背景とする他者へ寄せる気持ちや姿勢を根本的な資質として備え、それを具体的にその人とともに、その人のために活用できる技能が望まれます。

| 演習 | たかが机、されど机 |

❶ 高さの異なる机といすをいくつか用意します。
❷ 2人1組になって、語り手と聴き手の役割を決めます。
❸ 机といすの高さが合っている場合と、明らかに合っていない場合で、話しやすさ、聴きやすさにどのような違いがあるか体験し、共有してみましょう。
❹ また、座る位置（真正面に座る、斜め横に座るなど）による違いも体験してみましょう。
❺ 語り手と聴き手の役割を交替して、同様に話し合ってみましょう。

コメント

机やいすが自分の身体に合っていない、机といすのバランスが悪いなど、環境の「不適切感」は、自分と相手とのコミュニケーションを妨げる要素にもなります。環境的な要素は、気づきにくく、また簡単には変えられないことも多いので、意図的に気づき、適切に変えていくことが重要です。

| 演習 | 心地よい姿勢 |

　あなたは、自分自身の心の声に耳を傾けたり、特定の人のことを深く考えたりするときに、どのような姿勢をとりますか。このときの「姿勢」や「身体の動き」も人それぞれであることを体験してみましょう。

コメント

誰かと話をしているとき、自分がどのような姿勢をとっているかはほとんど意識しません。ごくあたり前に自分なりの「話をする姿勢」をとっているからです。さらに、その自分なりの姿勢が、相手にどのように影響しているかについては、対人援助職でなければ気がつかないことかもしれません。また、意識が自分の内面に向かっているときに、それが「姿勢」にどのように表れているかは、もっと気がつかないかもしれません。人それぞれに、自分の内面に意識を向けやすい姿勢というものがあるということを演習を通して体験してみてください。
　もしも相手がいる前で自分の意識が内面に向かうようなことがある場合は、その姿勢をとっていることが、相手に与える影響について理解しておく必要があります。あなたがとっている「姿勢」や「間」の意味をあなた自身が気づいていなければ、相手は安心して話ができないでしょう。

Column カナダの老人ホームで感じたこと

　ずいぶん前の話になりますが、カナダの老人ホームで実習をしたことがあります。その老人ホームは、日本の介護老人福祉施設（特別養護老人ホーム）にあたる施設で、400人以上の高齢者が入居して生活している大きな公立の施設でした。

　施設内のあるフロアに、日系1世の高齢者が30人ほど入居していて、文化的な違いに配慮したいくつかのアクティビティプログラムが実施されていました。カナダの日系1世の人々は、戦前に日本各地から移住し、戦時中の収容生活を経て、戦後の激動期を生き抜いてきた人々で、生活上は日本語でのコミュニケーションが中心でした。また、壮年期には英語を使って商売などをして、生活習慣も現地の同年齢の人と似ていた人でも、高齢になり社会的な関係が限られてくると家族が驚くほど日本的な食べ物を好み、出生地の方言を交えた日本語によるコミュニケーションが中心になる場合もありました。

　その老人ホームに、アクティビティを担当するリーザという女性職員がいました。リーザは日本語をまったく話せませんでしたが、フロアの一人ひとりの入居者について、自分がその人のことをどのように理解しているかを話し、「もしもこの理解が、文化や社会的背景を知らないために誤っているとしたらとても残念なので教えてほしい」と言いました。リーザは、一人ひとりの入居者について詳細に把握していて、その入居者が発信するメッセージを全面的に受け止めようとする姿勢に満ちていました。つまり言語的な伝達経路を通過するメッセージが制限されてい

る状況のなかで、非言語的なメッセージに細心の注意を払っていました。リーザは、言語、民族、年齢、習慣、教育、家族的背景等の多くの環境的相違を、その資質に裏付けられたコミュニケーション方法の適切さと深さで補っていました。

　当時、筆者自身は英語を母国語とするスコットランド系の入居者（女性、92歳）やユダヤ系の入居者（男性、83歳）と定期的にかかわっていて、言語や民族、年齢、社会的背景等の環境の相違に気後れしがちでしたが、リーザの姿勢や方法に勇気づけられました。

Chapter2
自分自身について理解する

コミュニケーションでは、相手を理解することが大切ですが、同様に自分自身の傾向を客観的に把握すること、現在の自分の状況・状態を冷静に見極めてかかわることも欠かせません。ここでは、自分自身の内面や行動を振り返り、コミュニケーションにおける自分の特徴、組織の中でのあり方等を理解し、高齢者とかかわる専門職として成長し続けることの大切さを学びます。

2-01 自分のコミュニケーションの傾向を知る

● **コミュニケーションスタイルのチェック**

　介護職が自分のコミュニケーションスタイルを知り、それが相手にどのように影響しているかに気づくことは、コミュニケーションの技能を身につけるうえでの基本です。以下のチェックリストを読み、自分が人とのコミュニケーションの際にもっとも当てはまると思うものを選んで合計点を出してみましょう。

表2-1　コミュニケーションスタイルチェックリスト

設問1
私は自分が人とかかわるとき、 点数

□だめだと思う	1
□恥ずかしがり屋だと思う	2
□普通だと思う	3
□普通よりよいかかわりをしていると思う	4
□おしゃべり好きだと思う	5

設問2
1日のうち他人とかかわっている時間は、 点数

□10分以下	1
□10～30分	2
□少なくとも1時間	3
□平均して1～3時間	4
□3時間以上	5

設問3
1日に1分以上話す人はだいたい、 点数

□1人か2人	1

□ 3人	2
□ 4〜5人	3
□ 6〜7人	4
□ 8人以上	5

設問 4
1日に電話をする回数は、 　点数

□ 1回か2回	1
□ 3回	2
□ 4回	3
□ 5回	4
□ 6回以上	5

設問 5
1日に外で過ごす時間はだいたい、 　点数

□ 1時間以下	1
□ 1〜2時間	2
□ 2〜3時間	3
□ 3〜6時間	4
□ 6時間以上	5

設問 6
家では、 　点数

□ いつも静かにしていたい	1
□ 静けさのなかに会話があってもよい	2
□ 静かにしていたいが、人や音楽にも囲まれていたい	3
□ 静かな時間もある程度あり、人がいたり喧噪な時間もあるとよい	4
□ 人と一緒に過ごしたり、活動したり、たくさんの音楽に囲まれていたい	5

設問 7
仕事や儀礼上以外の会話の回数は1日平均して、 　点数

□ 0回	1
□ 1回か2回	2
□ 3回	3
□ 4回	4
□ 5回以上	5

設問 8
手紙やメモ、日記は、　　　　　　　　　　　　　　　　点数

□書いたことがない	1
□たまに書く	2
□時々書く［1週間に2〜4回］	3
□よく書く［1日に1回くらい］	4
□とてもよく書く［1日に数回］	5

設問 9
［周りの人から］話す速さが、　　　　　　　　　　　　点数

□遅いと言われる	1
□落ち着いていると言われる	2
□普通であると言われる	3
□ちょっと速いと言われる	4
□とても速いと言われる	5

設問10
［周りの人から］話し声が、　　　　　　　　　　　　　点数

□静かすぎると言われる	1
□聞き取れないことがあると言われる	2
□ちょうどよいと言われる	3
□大きいことがあると言われる	4
□いつも大きいと言われる	5

設問11
［周りの人から］話の内容が、　　　　　　　　　　　　点数

□わからないと言われる	1
□はっきりしないと言われる	2
□わかると言われる	3
□よくわかると言われる	4
□表現がとても豊かだと言われる	5

設問12
語彙数は、　　　　　　　　　　　　　　　　　　　　　点数

□少ない	1
□日常生活には足りる程度	2

Chapter2　自分自身について理解する

□高校卒業程度	3
□比較的多い［大学卒業程度］	4
□とても多い	5

設問13
ボディランゲージは、　　　　　　　　　　　　　　　　　　　点数

□ごく少ない［口だけで話す］	1
□そんなに使わない［時々使う］	2
□限られたものだが、よく使う［手を使ってジェスチャーする］	3
□十分に使っている［ジェスチャーしたり、物に触れたりする］	4
□とても多い［人に何かを言うときはいつも使う］	5

設問14
聞き取りの度合いは、　　　　　　　　　　　　　　　　　　　点数

□しばしば問題があり、聞き取れない	1
□わかる［補聴器などを使えるが、使っていない］	2
□全く聞き取れない	3
□わかる［十分に聞き取れる［器具のあるなしにかかわらず］］	4
□よくわかる［聞き落とすことはない］	5

設問15
ユーモアや皮肉は、　　　　　　　　　　　　　　　　　　　　点数

□ほとんど使わない［ユーモアのセンスがないと人に言われる］	1
□意図的に使う［ユーモアを使うことができるが、ジョークを言うことはできない］	2
□状況に応じて使う［ちょっとしたときに使う］	3
□よく使う［ユーモアのセンスがあり、ときには嫌味も言う］	4
□いつも使う［ユーモアのセンスが理解でき、嫌味も言う］	5

設問16
会話の間のアイコンタクトは、　　　　　　　　　　　　　　　点数

□ほとんどできない［めったに目を合わせることができない］	1
□あまりできない、特に偉い人や認知症高齢者の前ではできない	2
□友だちと一緒にいるときは適度にできるが、偉い人や利用者の前ではできない	3
□どのような人にも比較的容易にできる	4
□いつでもできる［人を舞い上がらせるのを楽しんでいる］	5

設問17
コミュニケーションの間に人に触れることは、　　　　　　　　　　点数

□めったにしない	1
□子どもに対して、状況に応じて触れる	2
□よく知っている人とはずっと触れる	3
□お互いに以心伝心できたと思える人には触れる	4
□よくする［コミュニケーションでは当たり前のことである］	5

設問18
会話を始める際、または話題を変える際に責任は、　　　　　　　　点数

□めったに、もしくは少しも感じない	1
□状況に応じて感じる	2
□半分程度の割合で感じる	3
□感じないときより感じるときのほうが多い	4
□いつも感じている、もしくは自分ではそう思っている	5

設問19
聴き手としては、　　　　　　　　　　　　　　　　　　　　　　点数

□よい「聴き手」であり、話し手ではない	1
□聴き手にまわることが多いが、必要なときは話し手にもなる	2
□聴き手であることが好きで、聴いたことに返事をするのが好き	3
□話し手にまわることが多いが、必要なときは聴き手にもなる	4
□よい「話し手」であり、長い時間、聴き手にまわることは耐えられない	5

設問20
認知症高齢者をケアしていこうとするときに、お互いの意思を確認することは、　点数

□ほとんどない［1日に1回以下のかかわり］	1
□毎日だが表面的である	2
□毎日の会話のなかでいつも行っている	3
□精神的な援助のなかで毎日行っている	4
□常に深い精神的な援助を行っていくという親密な関係のなかで、毎日行っている	5

合計点	コミュニケーションスタイルの目安
～40点	内向的なコミュニケーションスタイル
41～60点	聞き役
61～80点	積極的な話し手
81点～	外向的なコミュニケーションスタイル

出典：Toseland,R.W. & McCallion,P., *Maintaining Communication with Persons with Dementia : an educational program for nursing home staff and family members —Leader's Manual—*, Springer Publishing Company, 1998, 野村豊子訳を一部修正

● スタイル別の特徴

❶内向的なコミュニケーションスタイル（40点以下）

　合計が40点以下の人は、とても内向的なコミュニケーションスタイルの持ち主といえます。まずは、認知症の高齢者とのコミュニケーションに注力してみてはいかがでしょうか。この段階で、誰かの代弁者になるのは難しいかもしれません。

❷聞き役タイプ（41～60点）

　合計が41～60点の人は、基本的には聞き役タイプです。自分から何かをはたらきかけるには、大きな勇気が必要かもしれませんが、介護職として、また代弁者として自分のコミュニケーションスタイルを適切に応用することができる可能性があります。

❸積極的な話し手タイプ（61～80点）

　合計が61～80点の人は、積極的な話し手タイプです。このタイプの人は、聴き手としてのトレーニングも必要になりますが、認知症高齢者の代弁者として、よい働き手になることが考えられます。

❹外向的なコミュニケーションスタイル（81点以上）
　合計が81点以上の人は、外向的なコミュニケーションスタイルの持ち主といえます。気をつけていなければ、認知症高齢者とのコミュニケーションにおいて、無意識に自分の意向を押しつけてしまう可能性もあります。

　このように4つのタイプに分けてみると、どのタイプがよりよいのかを考えたくなりますが、むしろ大切なのは自分自身についても高齢者についても、はじめからどのようなコミュニケーションスタイルなのかを決めつけてはいけないということだと考えます。自分や相手のコミュニケーションスタイルについて謙虚に考え、振り返り、気づくことが必要です。それができてはじめて、高齢者とのコミュニケーションを通して、自分を変化させることが可能になります。コミュニケーションスタイルについては、知って、考えて、変化させていくという積み重ねが必要です。

演習　認知症高齢者に映る私の姿

　3人1組になり、高齢者、介護職、観察者の役割を決めます。自分のコミュニケーションスタイル（点数）を意識しながら、「認知症の高齢者とのかかわりのなかで困った場面」を設定して、自由に演じてみましょう。全員が、高齢者、介護職、観察者の役割を順に体験します。

（例1）
介護職：「Aさん、お風呂に入りませんか」
高齢者Aさん：「もう入ったからいい…」
　☞この場面で、あなたはどのように対応しますか。

（例2）
介護職：「Bさん、あまりお食事が進まないようですね」
高齢者Bさん：「これはまずくて食べられない。好みの味ではない」
　☞この場面で、あなたはどのように対応しますか。

コメント

認知症高齢者にかかわるときには、普段とは違うコミュニケーションスタイルの自分が現れることもあります。自分では内向的だと思っていても、実際には積極的な話し手だったり、外交的になっていたりということもあります。また、観察者が、自分では気がつかなかった「よいところ」を見つけてくれることもあります。

演習　利用者への不適切な対応

次の❶～⓭の場面において、あなたの対応として「決してしない」「ときどきそうである」「しばしばそうである」のどれに該当するかを考え、マークしてみましょう。

結果を見て、自分自身のコミュニケーションの傾向について感じたことを書き出してみましょう。

❶利用者があまり話を理解していないように見えるとき、私は利用者に話しかけない。
決してしない／ときどきそうである／しばしばそうである

❷私の質問に利用者が答えなかったとき、私は「わからないの？」と大きな声をあげる。
決してしない／ときどきそうである／しばしばそうである

❸利用者が同じことを何度も繰り返し言うとき、私は無視する。
決してしない／ときどきそうである／しばしばそうである

❹利用者がわからないことを10回以上聞いてくるとき、私はどうせすぐに忘れてしまうのだからと思い、答えずに静かにするように言う。
決してしない／ときどきそうである／しばしばそうである

❺利用者が間違った言葉を使うとき、私は「二度と間違えないでほしい」と思いながら、すぐに訂正する。
決してしない／ときどきそうである／しばしばそうである

❻何をしなければいけないかを繰り返し伝える必要がある利用者に対して、私は「説明をするなんてむだなことをしないで、自分の仕事を楽にしよう」と思う。
決してしない／ときどきそうである／しばしばそうである

❼利用者が私に恥をかかせるようなことをしたとき、私はそのことと

向き合わずに、他の人がいる場所から離れる。
決してしない／ときどきそうである／しばしばそうである

❽子どものように頼ってくる利用者に対して、私は子どもに対するのと同じように話す。
決してしない／ときどきそうである／しばしばそうである

❾利用者が、日用品について知っているけれど名前を思い出すことができないとき、私は名前を思い出すまで、そのものを示しながら待ち続ける。
決してしない／ときどきそうである／しばしばそうである

❿利用者が会話の焦点からずれて話し続けてしまうとき、私は利用者に自由に話をさせ、何が話されているかは聞き流す。
決してしない／ときどきそうである／しばしばそうである

⓫理解や応答に時間を要する利用者に対して、私は待たずに「その人のために」と先回りして話をする。
決してしない／ときどきそうである／しばしばそうである

⓬考えがなかなか浮かばない利用者に対して、私は話題を変えたり、アクティビティの内容を変更したりして気を紛らわす。
決してしない／ときどきそうである／しばしばそうである

⓭利用者が何かに我慢しきれずにイライラしているとき、私は自分も同じように我慢してイライラしているということを利用者に伝える。
決してしない／ときどきそうである／しばしばそうである

出典：表2-1と同じ。

コメント

このリストを活用することで、自分自身の対応方法について気づき、どのように改善していきたいかを具体的に考える材料にしてください。

2-02 自分自身を知り、適切に開示する

　コミュニケーションでは、相手を深く理解する姿勢が求められますが、その前提として、自分自身について知り、コントロールできる素地をもっている必要があります。

　人は、さまざまな社会的関係を築きながら、相互関係を通して自分のなかに自我を確立していきます。その際、「自分は何者なのか」という自己概念は、利用者との関係、専門職間の関係に深く影響します。そこで自己概念、価値観（個人的な価値観、専門職としての価値観）、人間観、世界観、生きがい、性格などに目を向け、自分自身を客観的にとらえ直してみることが求められます。

● 自己開示

　コミュニケーションでは、自分自身について理解すると同時に、自分のことを相手にどのくらい開示するのかを考える必要があります。

　自己開示とは、自分自身に関する情報を自分の意思で（強制されることなく）特定の他者に対して伝達することをいいます。高齢者とのかかわりにおいては、介護職が自分の自己開示の傾向を知ることにより、相手の自己開示の傾向を把握しやすくなります。また、相手の自己開示の傾向を知らなければ、その利用者に適した支援を提供することはできません。

● ジョハリの窓

　対人援助における自己開示について、「ジョハリの窓」の考えを基に示します。ジョハリの窓は、図2-1のように自分自身の心全体を1つの窓枠

として想定し、「自分自身が知っている」か「知らない」かで縦方向に二分します。さらに「他人が知っている」か「知らない」かで横方向に二分します。自分の心のすべてを表す窓枠が4つの小さな窓に分割されていることになり、4つの小窓をそれぞれ❶開放部分、❷盲点部分、❸隠蔽部分、❹未知部分と呼びます。

図2-1　ジョハリの窓

	自分が知っている	自分が知らない
他人が知っている	❶開放部分	❷盲点部分
他人が知らない	❸隠蔽部分	❹未知部分

出典：Adler,R.B. & Towne, N., *Looking Out/Looking In*, Holt, Rinehart and Winston, pp. 38-40, 1981, 野村豊子訳

❶開放部分
　開放部分は、自分も他人もすでに知っている領域です。したがってこの部分にある話題は語り手にとっては無理なく話せると同時に、聴き手にとっても気軽に受け止めることができます。初対面で交わされる話題のほとんどはこの部分に該当しています。4つの窓のうち、もっとも早く開きはじめます。

❷盲点部分
　盲点部分とは、自分は気づいていませんが、相手はわかっている領域で

す。相手は本人に対して、気がつかせてあげたいと思うこともあります。ただし、気づくことが常によいとは限らないので注意が必要です。

❸隠蔽部分

　隠蔽部分とは、自分はすでに知っていますが他人には知られておらず、秘密にしておきたい領域です。隠蔽部分の窓を開いていくためには、勇気と相手への深い信頼が必要となります。隠蔽部分の窓を開く過程と開いた結果は、本人にとても強い印象を残します。そして、相手に受け止めてもらえなかった場合には、二度とこの窓を開こうとは思わないでしょう。「頑なな利用者」「頑固な利用者」といわれる人のなかには、このような「受け止めてもらえなかった経験」が重なった結果、隠蔽部分をより大きく、強固なものにしてしまったという場合も少なくありません。

❹未知部分

　未知部分は、自分も相手も知らない領域です。この領域の窓を開いていく過程には、大きな驚きを伴います。おそるおそる開きはじめた窓を閉じてしまいたくなることもありますし、反対に、予期せぬ結果に心躍らせることもあります。

　この4つの窓は、一人ひとり大きさも開き方も異なります。また、相手の窓の大きさや開き方によっても変化します。自分の「心の窓」がどのような状態になっているか、知っておくことが大切です。

　例えば、図2-2のCさんとDさんのように、窓の開き具合が異なる2人のコミュニケーションについて考えてみましょう。二者間のコミュニケーションが適切に展開する過程では、次第に両者の窓が同じ大きさになっていくものです。したがって、利用者がCさんのように、開放部分の少ない

人であったとしても、介護職がDさんのように開放部分をより大きくしていくことのできる人であれば、利用者の開放部分も少しずつ広がり、より多くのコミュニケーションが可能になります。だからこそ、介護職は、自分の窓がどのような状態になっているかを知る必要があるのです。

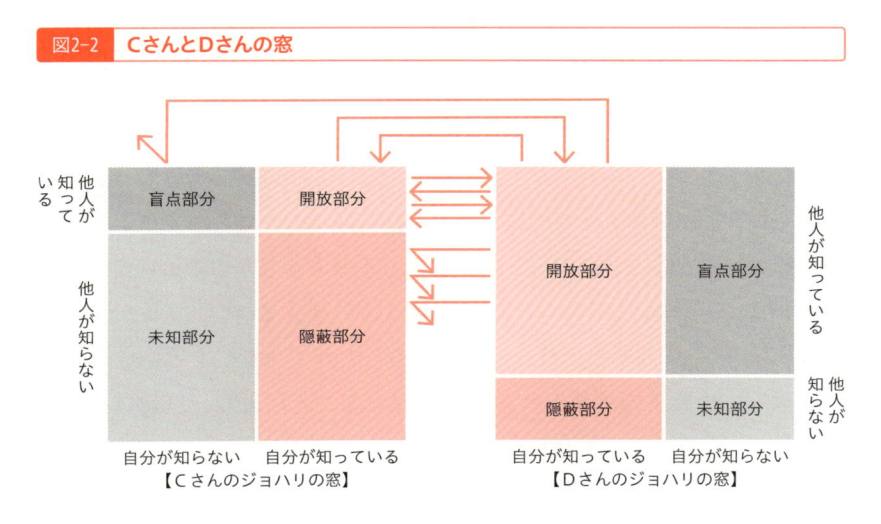

図2-2　CさんとDさんの窓

	盲点部分	開放部分	開放部分	盲点部分	
他人が知っている					他人が知っている
他人が知らない	未知部分	隠蔽部分	隠蔽部分	未知部分	他人が知らない
	自分が知らない	自分が知っている	自分が知っている	自分が知らない	
	【Cさんのジョハリの窓】		【Dさんのジョハリの窓】		

出典：Adler,R.B. & Towne, N., *Looking Out/Looking In*, Holt, Rinehart and Winston, pp. 38-40, 1981, 野村豊子訳

● **適切な自己開示**

　では、相手に対してどのように開示するのが「適切な自己開示」なのでしょうか。自分が適切に自己開示しているかどうかを判断するには、開示する量、深さ、時、人、状況の5つの基準が考えられます（表2-2）。

　これらの基準は人によって異なりますが、無意識のうちに、それぞれ自分の基準に基づいて自分や相手の開示が適切か、適切でないかを判断しています。

　さらに、日常の暮らしにおいても、気がつかないうちにこの判断基準に

表2-2 適切な自己開示の基準

量	どのくらいの情報量を開示したらよいか	
深さ	どのくらいの深刻さで、どのくらい個人的な内容か	
時	いつ開示したらよいか	
人	だれに開示したらよいか	
状況	どのような状況で、どのような頻度で開示したらよいか	

沿って行動しています。例えば、他者とのかかわりの後に「あんなに話さなければよかった」と思ったり、口数の少ない相手に対して「もう少し話してくれたらいいのに」と思ったりと、自己開示にかかわるさまざまな思いが浮かんでくることがあると思います。そのようなときこそ、自分の基準や相手の基準に気がつくことができるよい機会です。「コミュニケーションは苦手」「高齢者とうまくかかわることができない」と思い悩むのではなく、これらの基準を客観的に把握することにより、自分自身のコミュニケーションの特徴が見えてくると思います。

● **自己開示の深さと関係性の進展**

次に、自己開示の深さとお互いの関係性の進展について考えてみます。利用者と介護職の信頼関係の構築には、お互いを確かめながら、ゆっくりとやりとりすることが必要です。つまり、利用者が介護職との信頼関係をじっくり築きながら適度な自己開示を進めるためには、十分な時間が必要なのです。自己開示の深さと関係性の進展には、図2-3に示すような3つの段階があります。

第1段階は、利用者が介護職と初めて出会うときの自己開示で、それほど大きな不安や戸惑いを感じることなく示すことのできる程度の段階です。第2段階は、思いや気持ちの十分な表現が含まれている段階であり、信頼

図2-3　自己開示の深さと関係性の進展

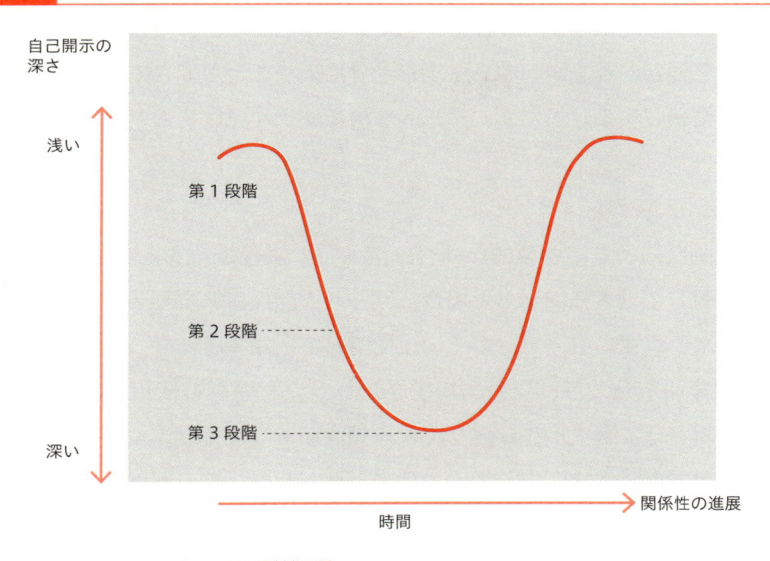

縦軸：自己開示の深さ（浅い／深い）
横軸：時間 → 関係性の進展

第1段階
第2段階
第3段階

出典：Cox, T., *Stress*, Macmillian, 1978, 野村豊子訳

が増すにつれて自分の思いを表現するようになります。さらに、第3段階の自己開示は、他の誰にも話したことのない内容やごく限られた人たちにだけ語る事柄などが含まれます。実際の介護の場面では、第1段階から第2段階、第3段階へと自己開示が深まった後で、自己開示の深さを緩めることが大切です。利用者と介護職との関係性において第3段階の関係が継続しているという状況は、利用者にとって強い緊張感が続いていることになり、決して望ましい状況ではありません。また、利用者は望んでもいないのではないでしょうか。適切な関係は、ゴムが伸び縮みするように、開示の程度を深めたり、緩めたりしながら継続していくもののように思います。

　情報として重要だからという理由で、第3段階の内容を介護職が利用者

に尋ねることがあるかもしれません。そのときには、利用者からみて自分は十分に信頼関係を築くことができているかどうか、自分自身に問いかけてみる必要があります。もし、まだ十分に築くことができていないのであれば、情報収集よりもまず、基本的な信頼関係を見直すことが望まれます。

● **自己開示の傾向**

　一般的には、とても私的な内容（深さ）の情報を、多く（量）、限られた人に対して（人）開示した場合には、対人関係にあまり問題は起きないとされています。一方で、多くの人に対して、深すぎたり、多すぎたりする情報を開示したり、反対に浅すぎたり、少な過ぎる情報しか開示しなかった場合は、対人関係が難しくなる傾向があります。

　人は誰でも、さまざまな場面で他者とかかわり、その都度、自己開示の基準を選んで行動しています。しかし、多くの利用者にとっては、身体的な自立が制限されることで対人交流の機会も減少しがちです。したがって、どのような障害があっても、またいくつになっても自己開示の基準を選択できるような、さまざまな場や時、関係性などの存在を整えることがより重要なのではないかと思います。

| 演習 | ジョハリの窓 |

❶あなたが「話しすぎてしまった……」と後悔するとき、あなたと相手の心の窓は、どのような状態にあるか描いてみましょう。

❷相手の話を聴きながら、自分の心の窓が相手と同じようには開いていないと感じるときの違和感について考えてみましょう。

コメント

コミュニケーションの後で後悔したり、違和感を抱いたりしたとき、それを感情的にとらえるだけでなく、少し客観的かつ、理論的にとらえることができれば、その状況を改善できます。客観的にとらえることができると、相手の「窓」が開かない理由や「窓」の中に閉じ込めている思いが見えてくるからです。

2-03 自分の感情に気づき、認める

● さまざまな感情表現

「感情」には、本当にさまざまなものがあります。うれしさ、楽しさ、晴々しさ、気持ちよさ、心地よさなどの肯定的な感情もあれば、寂しさ、つらさ、やるせなさ等の否定的な思いもあります。また、どきどきしたり、驚いたりといった肯定とも否定とも判断のつかない感情もあります。もちろん、人はいつも1つの感情だけを抱くとは限りません。怒りの感情を表現していても、同時に混乱、失望、焦り、いらだちなどの感情を抱いていたり、うれしさを表現していても、同時に寂しさや焦りを感じていたりすることも少なくないと思います。

介護職は、高齢者の感情表現について常に注目し、適切にかかわることを心がけていると思いますが、自分自身の感情について、客観的に把握している人は多くはないかもしれません。自分の感情やその表現方法を知ることによって、さまざまな感情を抱いたときにも、客観的に分析し、冷静に対応することができる可能性があります。

[3-05]（116頁）では、高齢者の感情表現について考察していますので、あわせて考えてみてください。

● 感情表現の得意・不得意

人によって感情表現の得意・不得意があると感じたことはありませんか。感情を表現すること自体が得意な人、不得意な人もいますが、例えば、「うれしさ」を表現することが上手な反面、怒りや憤りを表現することは苦手というように、感情を表現する際には何らかの傾向があります。

したがって、高齢者とのかかわりのなかで、相手の思いを受け止め、共感的に相手に返すためには、相手の思いを知ると同時に、相手の感情表現の傾向、自分自身の感情表現の傾向を把握しておくことが必要です。さらに、ある特定の感情が湧いたときに自分はどのように表現しているかを理解しておく必要もあります。

　怒りや焦りの感情は、身体が熱くなったり、こわばったりといった身体的な変化で表現される場合もありますし、何かつぶやいたり、特定の行動をするなどの「クセ」があることもあります。表現方法や傾向を把握しておくことで、それが相手に対してどのような印象や影響を与えるかを考える材料にもなります。

● **自分の感情に気づき、認める**

　感情は、相手との交流のなかで自然に生まれるものです。浮かんできた感情をそのまま表現したり、相手に伝えたりするかどうかは別として、浮かんできた感情自体は、そのままでよいし、無理に抑えたり、気づかないふりをする必要はありません。どのような感情であっても、自分の心の中に湧いてきた感情そのものについて、否定する必要はありません。浮かんできた感情を受け止めずにいると、感じている自分自身を否定的にみてしまうことになります。感情をコントロールするということは、自然に湧いてくる思いを拒否して抑えつけることではないということを理解しておきましょう。

演習　感情表現の傾向

自分の感情表現の傾向を知り、その表現方法が相手に与える印象について考えてみましょう。

❶ あなたは感情を何らかの形で表現することが得意だと思いますか、苦手だと思いますか。

❷ どちらかといえば、肯定的な感情を表現することが得意ですか、否定的な感情を表現することが得意ですか。

❸ 感情は、どのような形（言語または非言語）で表現することが多いですか。

❹ その表現方法が、相手に与える印象について考えてみましょう。

コメント

自分が今、どのような感情を抱いているかを考えすぎると、リアルな感情は薄れてしまって自分の中に残りません。したがって抱いている感情を含めた経験を話してみることも必要です。自分の感情表現の傾向を知ることは、怒りや苦しみ、喜びなど、どのような感情であってもその感情を自分と少し距離を置いてみる方法に気づかせてくれます。また、書き言葉での表現、話し言葉での表現、身体的表現など、さまざまな感情の表現方法を自分のコミュニケーション手段として身につけることは有効です。

> **演習** 人生の川を描く

　自分の人生（過去、現在、未来）を川にたとえて、描いてみましょう。今は人生のどのあたりにいるのか、人生における分岐点、転換点はどこか、そのときどのような感情が伴っていたか、その背景には何があるのかを自由に表現します。

コメント

自分の現在や過去を感情とともに振り返ってみることで、未来が見えてきます。川の流れは、過去からずっとつながっていますが、感情は継続している訳ではなく、その時々の対応は驚くほど変化していることに気がつくでしょう。長い間抱き続けている感情もありますが、それさえも、川の流れのそれぞれの時点から「そのとき抱いている感情」をみることで、変化に気づき、束縛や決めつけから自由になることもできます。

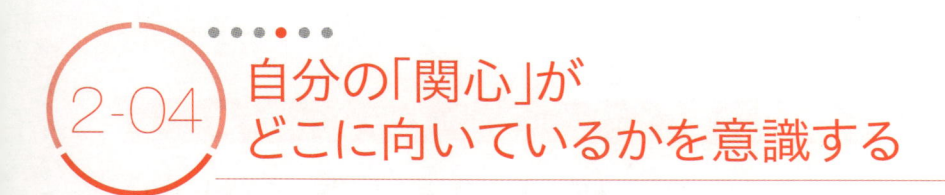

2-04 自分の「関心」がどこに向いているかを意識する

● 関心の3つの領域

　高齢者にかかわるということは、相手に心から注目することです。誠実な関心が自分に向けられていると感じたときから信頼関係が築かれます。バーナード（Burnard, P.）は、人が関心を向ける領域を次の3つに分けて説明しています。

図2-4　関心の3つの領域

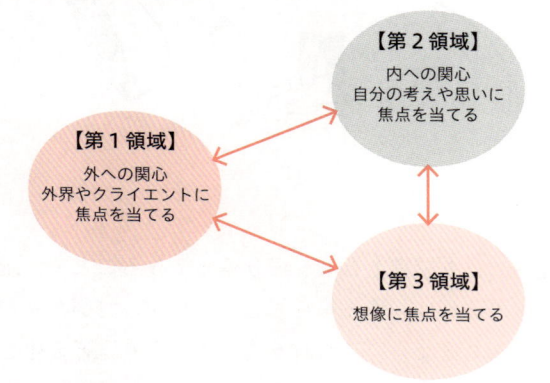

【第1領域】
外への関心
外界やクライエントに焦点を当てる

【第2領域】
内への関心
自分の考えや思いに焦点を当てる

【第3領域】
想像に焦点を当てる

出典：Philip Burnard, *Counseling Skills for Health Professionals* CHAPMAN & HALL, London, p. 103, 1989, 野村豊子訳

❶第1領域

　自分を取り巻く環境のことで、介護職の場合、関心の焦点は「利用者」になります。自分の外部に十分に関心を向けると、自分の感情や思考に邪魔されることなく相手の全体像を理解するきっかけになります。

❷第2領域
　自分自身の内側、内面のことで、例えば、相手の高齢者に注目している際に自分の内部に湧いてくる感情や信念などが含まれます。

❸第3領域
　想像の世界であり、この領域に焦点を当てる場合は、例えば、高齢者の話を聴きながらその背景や思いに想像を膨らませることなどがあります。相手がどのように感じ、考えているのかは、実際に尋ねてみなければわからないのですが、あえて尋ねることはせずに推察し、解釈している状況です。この第3領域での人物像の把握を誤ってしまうと、相手の「現実」からかけ離れた像を描いていることになるので注意が必要です。

● 自分の「関心」はどこに向いているかを把握する

　高齢者にかかわる際には、今、自分の関心がどこに向いているのかを把握しておくことが大切です。例えば、第1領域である「利用者」に関心を向けているつもりでも、実際には、第2領域である自分の思いにとらわれていて十分に注目できていないということもあります。1日のうちに多くの高齢者に接する場合などは、直前に接した利用者との間で起こった難題にとらわれてしまい、眼の前の利用者に深い関心を寄せることができないといったことも起こり得ます。

　自分に対して誠実な関心が十分に向けられている場合、それを敏感に感じとることができ、そこから信頼関係が生まれるといいましたが、反対に、対面している相手の関心が自分以外に向いている場合も、高齢者は敏感に感じとり、遠慮や配慮などから、距離を置こうとします。

　日常生活のなかで私たちは、他者に関心を向けたり、自分の内面に関心を向けたりということを無意識に行っています。高齢者とかかわる際には、

第1領域と第2領域の間を意識的に移動することで、より深く相手を理解することができます。

なお、高齢者の話を聴いているときに、自分の関心が第3領域の「想像の世界」に向いていると気づいたときは、場合によっては、その想像の内容が正しいかどうかを本人に確かめる必要があります。繰り返しになりますが、第3領域に関心を向けて描かれた「利用者像」は、実際には、自分の心がつくり出している場合が多く、相手の実態とかけ離れてしまう可能性を含んでいるからです。その想像の中身は、自分自身の姿を映し出しているので、自分の価値観や考え方の傾向を知る材料となる、と考えることもできます。

● 関心を向けていることを示すには？

では、「あなたに深い関心を寄せています」というメッセージを伝えるにはどうしたらよいでしょうか。その方法として、イーガン（Egan, G.）は次の5つの点をあげ、英語の頭文字をとってソーラー（SOLER）と名づけています。

表2-3　関心を示す非言語メッセージ

❶相手とまっすぐに向かい合う（Squarely）
❷腕や足を組んだりしない、開いた姿勢（Open）
❸相手に少し身体を傾ける（Lean）
❹適切に視線を合わせる（Eye Contact）
❺リラックスした態度（Relaxed）

出典：Gerard Egan, *YOU & ME—The Skills of Communicating and Relating to Others—*, Brooks/Cole, 1977, 野村豊子訳

❶相手とまっすぐに向かい合う（Squarely）

　まっすぐに向かい合うと、利用者は介護職の姿全体を見ることができます。まっすぐに向かい合う姿勢は、「私はあなたのためにいますよ」というメッセージを伝えることができます。

　一般に、高齢者の話を聴く場合、まっすぐに向かい合うのではなく、相手の斜め前に位置するように座り、お互いの手を前に出したときに、その手が重なり合うくらいの距離を置くのが望ましいといわれています。それは、つかず離れずの距離で、「何かあれば、私がいますから大丈夫ですよ」というメッセージが自然に伝わり、実際に行動にも移すことができる位置です。まっすぐに向かい合うと、少し考えたり、沈黙したり、ふれられたくない話題をそっと隠したりといった細やかな雰囲気をつくりにくくなるということもあります。したがって、真正面でなくても「利用者から介護職の全体が見えるような位置」にいることが大切です。この位置関係であれば、介護職のほうも利用者の微妙な視線や細かなしぐさの変化を十分に把握できるはずです。

❷腕や足を組んだりしない、開いた姿勢（Open）

　「開いた姿勢」や「閉じた姿勢」は、高齢者には介護職の心の状態として伝わります。つまり、腕や足を組み、身体をかがめて話を聴いていると、高齢者は「この人は、私の話を聴いているゆとりはなさそうだ」と、期待感を失ってしまうかもしれません。また、腕や足を組んで、身体をのけぞらせていれば、「ずいぶん偉そうにしているなあ。こんな人に話を聴いてもらうのはいやだなあ」と感じるでしょう。腕や足を組むことが習慣になっている人もいると思いますが、閉じた姿勢は利用者に「この人は私に関心をもっていない」と受け取られやすいので、気をつけましょう。

❸相手に少し身体を傾ける（Lean）

　身体の傾きも「私は必要なときにいつでもいますよ」と伝える非言語的メッセージになります。相手の話に夢中になると、自然に身体が相手のほうに傾き、身を乗り出して聴く姿勢になります。反対に相手の話が退屈だと、ソファーの背などにもたれかかって相手から距離をおく姿勢になっていたりします。

　他のことに気を取られていると、「はい」「ええ」などと言いながら、身体が他の方向に向いていることがあります。このような場合、利用者はその違いを敏感に感じ取り、「忙しそうだから、今はいいわ」と遠慮してしまうこともあるでしょう。一般に、身体の傾きについては、自分では気がつきにくいものです。機会があったら、普段の様子をビデオなどで撮影して確認してみるとよいかもしれません。

❹適切に視線を合わせる（Eye Contact）

　視線には、視線を合わせる頻度、長さ、はずすタイミング、強弱、方向など、多くの要素があります。適切に視線を合わせることにより、介護をしながらでも、その人とともにいることを十分に伝えることができます。反対に、上方から見下ろしたり、きつい視線や詮索するような視線を送ったりすれば、利用者を傷つけたり、みじめな思いをさせてしまうことにもなりかねません。

　また、「話を聴くときは、相手の目を見て」とよくいわれますが、これは文化の違いや話の内容、場面や利用者の状況等に合わせて変化させる必要があります。相手との信頼関係の進展に合わせて、相手が快いと感じることのできる視線の送り方を検討することが大切です。

❺リラックスした態度（Relaxed）

　相手の話や思いを十分に聴こうと身構えていると、どうしても緊張してしまいます。「よし聴くぞ」という強い思いが身体の緊張に表れているようなときは、まだ本当に聴くことができる状態にはなっていないといえます。

　利用者の話に対して、「自分がどう受け答えすべきか」という点に注意が向き過ぎていると、身体の緊張が増してしまいます。そして聴く側の緊張は、話そうとしていた高齢者にも伝わり、開こうとしていた心が閉じてしまうこともあります。どのような姿勢や態度が「リラックスした態度」なのかは、場面や状況、世代によっても異なります。相手や状況にあわせて、相手が安心できるような態度を心がけるようにしましょう。

　高齢者に深い関心を寄せてかかわっているつもりでも、自分では気がつかないうちに「否定的なメッセージ」を送ってしまっていることもあります。利用者の話を十分に聴こうとするとき、自分がどのような姿勢、視線、態度になっているか、改めて「相手との向かい合い方」「開いた姿勢」「身体の傾き」「視線」「リラックスした態度」の5つの点から確認してみるとよいでしょう。

演習　関心の焦点の移動

自分の関心の焦点を意図的に第1領域と第2領域の間で移動させてみましょう。

❶この本から目を離して、自分のいる部屋を見回します。目についた1つの物に関心を集中させます。

❷1分以上その「物」を細かく観察し、自分の関心がそれだけに集中していることを感じとります。

❸その物から目を離し、今度は自分の心の中に関心の焦点を当て、自分が何を考え、何を思っているかを確かめます。

❹十分に自分の心の中にあることを感じ、確かめることができたら、関心をまた別の物に移し、❶〜❹を繰り返します。

コメント

この演習を通して「何かを見る」という行為に、どのような要素が含まれているかに気づくことができます。また、何かが目についたとき、なぜそれが目についたのかを考えることで、自分自身の現在の状況がわかるということにも気づきます。「集中している」という状態を身体で感じ、そのものから目を離したときに自分の心の中に残るものに気づいてほしいと思います。また、集中して見ているつもりでも、先に見ていたものが心に入り込んできて、目を離しても残っている状況を体験することができます。その状況を体験すると同時に、心に残るものは一人ひとり異なるということも理解してほしいと思います。❶〜❹を繰り返し行うことで、それが習慣になり、集中して相手の話を聴きながら、無意識のうちに「集中していること」を感じ、「自分の心に何が残っているか」「それはなぜか」が同時にわかるようになります。

演習　関心を示す姿勢

　2人1組になって、最近、体験した出来事について話してみましょう。聴き手は、まずは、腕と足を組んで閉じた姿勢で聴きます。次に、腕や足を組まずに、リラックスして開いた姿勢で聴きます。役割を交替してみて、それぞれに感じたことを話し合ってみましょう。

コメント

相手の話を聴くときに、意図的に閉じた姿勢をとることはないと思いますが、腕組みをしたり、組んだ手を口の前に置いたりということを無意識にしてしまうことはよくあります。この演習では、それだけのことで、話し手は話す気が失せてしまうことを体験することができるでしょう。話を聴く際には、意図的に開いた姿勢をとることが大切です。

2-05 組織におけるストレスや葛藤と向き合う

　介護の専門職としての第一歩を踏み出したばかりの人は、職場や組織の中で戸惑うことも多いと思います。それは、職場や組織を構成する要素が、これまで体験してきた家庭や学校とは大きく異なるからです。ここでは、介護の仕事を始めたばかりの人や転職して新しい職場に移ったばかりの人について、対人援助の仕事における組織の中でのストレスや葛藤との向き合い方を考えます。

● **介護職にかかるさまざまなストレス**

　介護職やケアマネジャーなどの対人援助職が抱くストレスは、さまざまなレベルがあり、何層にも重なり合っています。図2-5は、スーパービジョンの場でとらえられる対人援助職としての集約したストレスを描いたものです。まず、社会や経済、政治、文化といった大規模な変化を要因とするストレスがあります。具体的には、介護保険制度の改正や経済状況の劇的な変化、自然災害などが該当します。また、自分の所属する組織や機関でのストレスがあります。社会的、経済的、政治的、文化的な要因は、特定の人ではなく、広範囲の人に影響を及ぼしていますが、この組織や機関のストレスは、そこで働く人たちの心や身体に直接、影響を与えます。

　さらに、自分自身が所属するケアチームや同僚との関係におけるストレスがあります。組織や機関の中には、ケアチームとは別に各種の委員会などがあり、そこでのストレスが存在することもあります。また、実践上のストレスとして、利用者や家族との関係、利用者グループとの関係、家族グループとの関係、地域の人との関係におけるストレスが考えられます。

図2-5　対人援助職の重層的なストレス

```
社会的・経済的・政治的・文化的影響要因
              ↓
      組織・機関のストレス  ←─┐
              ↓              │
       チームのストレス    ←─┤
              ↓              │
      臨床実践上のストレス  ←─┤
              ↓              │
        私的なストレス    ←─┘
              ↓
    スーパーバイジーとしての
    対人援助職の集約したストレス
```

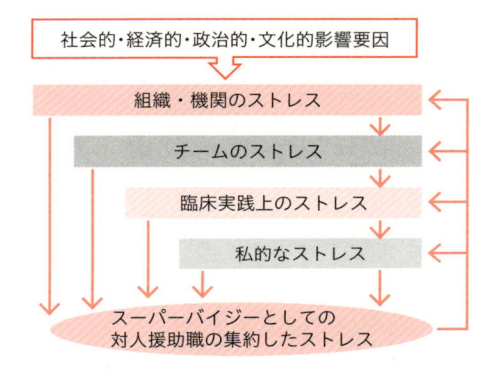

資料：A. Brown, I. Bourne, *The social work supervisor―supervision in community, day care, and residential settings―*, 1996. より野村作成

　そして、表面的には見えにくいストレスとして、内在化された私的なストレスがあります。それは、自分自身、家族、自分の住む地域など、職場での自分とは異なる役割を担っている場面でのストレスです。そこでは、子どもとしての役割、夫婦としての役割、親としての役割など、職場での役割とは異なるさまざまな立場からのストレスが生まれます。
　このように、介護職には何層にも重なるストレスがかかると考えることができます。

● **組織の中で直面する困難・葛藤**

　慣れない環境の中で介護職が直面する困難や葛藤を具体的に考えてみましょう。

❶Eさんの場合：Eさんは、新しい職場に移って1か月になります。日々の仕事の進め方や自分の業務については、それなりに理解しているので戸

惑いはありませんが、突然のことや特別なこと、緊急対応が必要なときなどは、どのように対応したらよいかわからず、不安や戸惑いが重なります。パニックになるわけではないのですが、その状況に混乱してしまい、適切に行動することができなくなってしまいます。そのような自分にがっかりしたり、職場の人に注意されて自信をなくしたりしてしまいます。

❷Fさんの場合：Fさんは転職し、新しい職場での活躍を期待されていると感じています。期待に応えたいと思っていますが、以前の職場とは、組織のあり方や上司や同僚との関係が異なるので、同じように対応してもあまりうまくいきません。上司が自分に何を期待しているのかを考え過ぎて、萎縮してしまったり、期待に沿うように考えて行動してもそれが裏目に出てしまうことが多くなっています。Fさんは、次第に頑張っている自分を認められなくなり、焦りと不安が募っています。

❸Gさんの場合：Gさんは就職して3か月になる新人の介護職です。所属する組織には、その組織なりのルールや人間関係があり、それらを前提としたコミュニケーションが交わされると、わからないままに右往左往している自分が不安になります。また、戸惑ったり、不安を感じたりしたときに、誰に相談したらよいか、いつも迷ってしまいます。相談相手を決めかねているうちに、利用者や家族とのかかわりは進行してしまうので、後に取り返しがつかないことになってしまうこともあります。そうなってはじめて「あの時、あの人に相談しておけばよかった」と思うのですが、いつも後で気づくので、どうしようもないと感じています。

● **困難や葛藤との向き合い方**

　Eさん、Fさん、Gさんそれぞれに状況は異なりますが、まずは自分が

何に戸惑い、何に困っているかを意識化することが1つの解決法になります。日記を書いたり、仲間に話をしたりすることで気づくこともありますし、スーパービジョンを受けることが気づきのきっかけになることもあります。

一方で、あえて話をしたり意識化したりしなくても、気分転換になるような趣味やストレス解消の方法を見つけることも1つの方法です。自分自身の内的スーパービジョンともいえる方法としては、これまでの経験を振り返り、現在と同様の場面に遭遇したときに、自分はどのように行動したのかを思い出すことも役に立ちます。「あのときは、このように考えて、このように行動した結果、このようになった」というように、原因と結果が明らかになるように振り返ることができれば、それ自体が、今を見つめ、対処していくうえで、貴重な導きの道具や体験の引き出しとなります。

演習　成功したときの体験を思い出す

これまでの経験を振り返り、自分が新しい環境で責任のある立場になり、うまく結果として実らせることができたときのことを思い出してみましょう。そのとき、どのように考え、誰が、どのように行動した結果、どのようになったのかを具体的に書き出します。

> **コメント**
>
> 自分の経験や行動を振り返ってみると、悪いことばかりではないことがわかります。そのように行動してきた自分を上手にほめてみることも大切です。ほめているうちに、何事も白黒はっきり決められるものばかりではなく、あいまいなままにしておくことも必要だということがわかります。そして、今、悩み、困っている自分、戸惑っている自分について、「それでいいんだ」と思えるようにもなります。

2-06 スケープゴートの存在を理解する

● **スケープゴートとは**

　スケープゴートとは、直訳すると「身代わり」という意味で、グループの弱さや怒りなどのメッセージを「ぶつけやすい相手」のことを指します。「ぶつけやすい相手」は、いかにも見た目が弱そうな人、他のメンバーとの異質性が高い人のほか、組織の矛盾や変更の必要性を意見として表す人なども考えられます。また、感受性の高い人や責任感の強い人、自己決定力のある人、グループの強みを知っている人などもスケープゴートになりやすい傾向にあります。

　「仲間はずれ」は、その人が本当に仲間はずれになるような行動をしているのではなく、組織上のいらだちややるせなさがあるときに、それをぶつける先が見当たらず、目立つ存在の人をその「身代わり」にしてしまうものです。その人に「身代わり」になる原因や理由があるわけではなく、また、仮に理由があったとして、その理由が解消されたとしても、仲間はずれの状態が終わるわけではありません。誰かをスケープゴートにした状態が「楽」であることを知ってしまった人は、いつまでも「仲間はずれ」をつくり続けることになってしまいます。スケープゴートをつくると、グループ全体の緊張状態を変化させることができるので、これを繰り返していると、次第にその状況に慣れてしまい、常にスケープゴートの存在をつくり続けることになります。

　スケープゴートをつくり出す行為や傾向は、誰の心の中にもあるものです。それは人をものさしで測り、分類することが習慣になると起きやすいといわれます。例えば、人をレベルや資格で分けると同質の者を集合させ

ることになり、結果として「異質な部分」を際立たせることになります。その異質性が高い人ほどスケープゴートになりやすいのです。

　ユニットケアやグループホームなどでは、グループが明確につくられています。この点では、スケープゴートを生み出しやすい環境であるともいえます。融通性や例外を含み、グループの枠をあえてはずして緩やかにしていくことで、スケープゴートの発生を防ぐことができるように配慮が必要です。

● スケープゴートの「存在意義」

　介護の現場では、ケアカンファレンスがうわさづくりの場になり、結果的にスケープゴートを生み出してしまうことがあります。また、介護保険制度では、要介護認定により利用者を明確に区分するようになりました。利用者を区分したり、段階をつけたり、また職員の階級などを設けるようになったことは、スケープゴートをつくりやすい環境にあるといえるかもしれません。

　さらに、職員が対応しにくい利用者の行動を「問題行動」ととらえ、それにどのように対応したらよいのかを考える際にも、背景にスケープゴートの考え方があるのではないでしょうか。その人の問題なのではなく、施設やフロア職員、利用者間の関係性などが、その行動を「問題」にしてしまっていることも少なくありません。

　その人（他人）に問題があるとすることによっては、何も解決しません。「自分ではなく他の人に問題がある」とみることによって、問題の本質は、さらに気づきにくいものになります。誰でも自分に問題があるとわかっていることを進んで明らかにしようとはしません。できれば気がつかないままでいたいし、忘れていたいと思うでしょう。そのようなときにスケープゴートは、まるで自分たちの問題を表現しているように映ってしまうので

す。さらにいうと、問題を表現していると認識することで、自分たちが助かるという思いも湧いてくるかもしれません。したがって、先に述べたように身代わりという「存在意義」をもってきます。そして、身代わりがいることによって、個人、集団、組織は、何もなかったかのように今までの行動や行為を続けていくことができてしまいます。

　身代わりとしてのスケープゴートには、「問題を抱える存在」としてくれるという「意義」があると考えることはできます。しかし、スケープゴートの存在自体に意義があるとするのは、頭では理解できても気持ちのうえで整理することは困難です。いってみれば、他人を「よくない存在」として位置づける一方で、自分たちは助かるという状況を無意識とはいえ、つくり出しているからです。

　社会福祉を学ぶ学生に、スケープゴートの話をしたことがあります。「スケープゴートの存在自体には意義がある」と伝えたところ、ある学生から「理解はできるが、受け入れ難い」という意見がありました。確かに受け入れ難いのですが、相手の思いがわかっていながらスケープゴートをつくり出してしまうという状況を考え、変えていくためにも、スケープゴートの存在意義を考え、同時にその状況に対する支援の方法や行動のあり方について学んでもらいたいと願っています。

● 介護の現場におけるスケープゴート

　ある施設で次のようなことがありました。別の施設で対応が難しいとされた認知症高齢者のHさんが入居してきました。熱意と実力のある若い介護職と相談員が、Hさんの入居時の面接、家族への対応、アセスメントなどのかかわりを丁寧に行いましたが、入居間もないHさんはフロアで声を荒げたり、他の入居者の物を食べたり、居室で寝ている別の入居者を叩いたりという状況が激しく続いていました。

このような状況のなか、Hさんのケアカンファレンスが開かれ、これまでの経緯と現在の状況について検討されました。ケアカンファレンスのなかで、Hさんのさまざまな行動について、多くの職員が例をあげていくうちに、話題の中心は、Hさんの生活状況からHさんを担当してきた2人の職員の対応方法やケアに対する考え方への批判に移っていきました。本来は、チームメンバーで協力し合い、2人の担当職員を支え、Hさんのケアの課題を明確にして、協力する方法を話し合うことが望ましいのですが、その方向には進まず、2人の担当職員の熱意や実践力を「役に立たないもの」と決めつける動きになってしまいました。この状況は、対応の難しいHさんへのケアに対する職員のいらだちや焦りを、2人の担当職員が身代わりとして受け止めていたともいえるのです。

● スケープゴーティングへの対応方法

　スケープゴートが行われている状況を「スケープゴーティング」といいます。スケープゴーティングには、どのように対応したらよいでしょうか。まず、スケープゴートが行われているグループの構造を全体的に把握できる場を設定し、メンバーに現状を知ってもらうことが必要です。このとき、オープンな雰囲気をつくり、スケープゴートになっている人の人格を適切に守り、かばうことが重要です。グループ全体で、緩やかに現状を認識していくように配慮します。スケープゴーティングに対応する具体的な方法を示したものが表2-4です。

　自分がスケープゴートになったとき、何とか逃れたいと思ってもグループ状況のなかで、逃れること自体が難しいこともあります。したがって、スケープゴーティングに対応するためには、本人ではなく、まわりの人の強い意思が欠かせません。表2-4の方法を参考にすることで、どのようにグループメンバーの納得や了解を得て、スケープゴーティングの状況を変

えていくかの方向性が見えてきます。このとき、個人とグループの関係をどのように理解するかというグループワークのとらえ方が大切になります。

表2-4 スケープゴーティングへの対応方法

❶ スケープゴートをしている状況を打ち壊すために、スケープゴートの場面を見て見ぬふりをせずに表面化させる。

❷ グループを構成する際に、スケープゴートになりやすい人、これまでにスケープゴートになった経験の多い人をグループからはずして、個別に対応する。

❸ スケープゴートが形成されるプロセスを読み解くことができるように表面化し、緩やかに解決できるように提示する。

❹ グループの中の強いメンバーが、スケープゴートになっている人を助けるように、グループ内の関係性を形成していく。

❺ 多様性を生み出すために、人間はそれぞれ多様でよい、みんなそれぞれでよいということを前面に打ち出す。昔の自分と今の自分の違い（個人の多様性）も興味深いし、一人ひとりの違い（個性）も興味深いという考えを打ち出すなど。

❻ 怒りやネガティブな感情がスケープゴートに向かっているときに、「静かに聞きましょう」など、メンバー間の交流の頻度や密度を緩め、「矢継ぎ早」「たたみかけるよう」になっている状況を解消する。

❼ スケープゴートになっているメンバーのエンパワーのため、グループの中で、スケープゴートになっているメンバーに直接、はたらきかけ、その人の強さを強調したり、認める発言をする。

❽ グループ全体として、スケープゴーティングの状況をどのようにとらえるのかを考える。

❾ グループで問題解決を図る過程で、アクティビティを取り入れてみる。メンバーが理解して行えば、活動を通してスケープゴートは変化する。

❿ グループ全体に、グループ展開を行う力をもつように図っていく。リーダーは、グループの中で、自分は引きながら、グループ全体に力をつけるように図る。

⓫ スケープゴーティングの状況をロールプレイで演じる。役割を交替して考えてみる。

⓬ スケープゴートになっている人に十分にかかわり、自分自身で整理・選択ができるような状況になったうえでグループを休んでもらい、不在の状況で自分たちの行動を振り返る。「休んでいる」という状況を表面化し、どのように感じるか、心配しているかどうか、などを話し合う。

> **演習** スケープゴートの状況

あなたの身近なグループ、組織を注意深く観察し、「スケープゴート」が起きている状況、また起きそうな状況を考えてみましょう。

> **コメント**
> スケープゴートは、とても陰湿なものというイメージがありますが、必ずしもそのようなものばかりではありません。どのようなグループでも起こる可能性がありますし、一方で、注意深く観察し、気づくことができれば、その状況を変えることや未然に防ぐことも可能です。

Column 組織の中で自分自身と向き合うためのキーワード

　組織の中で自分自身と向き合い、よりよいコミュニケーションに変えていくためには、どのような方法があるでしょうか。ここでは、いくつかのキーワードから考えてみます。

OJT

　OJTは、オン・ザ・ジョブ・トレーニングの略で、職場内教育のことです。職場での教育や訓練には、OJTのほかにSD（セルフ・ディベロップメント；自己啓発）およびOff-JT（オフ・ザ・ジョブ・トレーニング；集合教育）があります。

　OJTは、職員が職場で、実際に仕事をしながら学んでいく人材育成の方法です。職場の上司が新人職員や部下を指導・監督する形が一般的ですが、上司が部下に対して行うだけでなく、チームリーダーによるメンバーへの指導なども含みます。SDは、職員が仕事上必要な知識や技術を学ぶために行う、主体的な自学自習をいいます。またOff-JTは、実際の業務から離れて行う特定のテーマについての勉強会などをいいます。高度な知識や技術を身につけるためには、OJTとOff-JTの組み合わせによる教育訓練が効果的です。

　介護職にとってのOJTは、職員が業務体験を通じて学習し、能力を発揮することであり、必ずSDを伴います。自分自身が必要性に気づき、自己学習につなげていく必要があります。

　OJTは、職場での役割や業務の分担について、今以上に自分の力を発

揮するために活用することができます。OJT は、職員の内面やコミュニケーションの方法に焦点を当てて行われるわけではありませんが、OJT によって私的なコミュニケーションスタイルと、仕事上の適切なコミュニケーションスタイルとの違いに気づくことがあります。自分のコミュニケーションスタイルをストレスなく職場に適した形に変化させることができれば、自分の成長につながるものとなります。

スーパービジョン

　スーパービジョンとは、同一職種の熟練者が、新人や経験の浅い人に対して行うもので、管理的機能、教育的機能、評価的機能、支持的機能の 4 つの機能をもちます。職場内で行う場合と外部のスーパーバイザーによって行う場合があります。スーパービジョンの形式としては、1 対 1 で行う個人スーパービジョン、グループで行うグループ・スーパービジョン、同僚同士で行うピア・スーパービジョンなどがあります。

　スーパービジョンには、上記の 4 つの機能がありますが、組織においては、どの側面からも現在のコミュニケーション能力に気づき、変化させ、高めていくことができると考えられます。例えば、自分で「これでよい」と思っていた方法では対応が困難になっている場合を考えてみましょう。上司との信頼関係によってその状況を無理なく受け入れ、変えていくことができることがあります（管理的機能）。また、以前の職場での体験を振り返り、それを現在の状況を変えていくために役立てるように伝えることもできます（教育的機能）。コミュニケーションのスタイルを変えることは簡単ではないため、自分自身の至らなさと向き合うと同時に、これまでに培ってきた経験を大切にすることによって、はじ

めて新たな一歩を踏み出すことが可能になります（評価的機能）。自分に自信がないから変化させるのではなく、自信があるから「このようになりたい」という希望が見えるという点にもスーパービジョンを受ける価値や必要があります（支持的機能）。

メンタリング

　メンタリングは、メンターとプロトジーの間で行われる私的な援助関係のことをいいます。レビンソンは、メンターを「成熟期における人生のよき相談相手」（Levinson, 1979）とし、小野公一は、「年長の経験や知識、地位とパワーのある人が、それらを持たない若年の人々のキャリア形成を促進するために、個人的に援助するとき、それをメンターという」としています[1]。上司と部下の関係でメンタリングが行われることもありますが、この場合も自然発生的で、価値観の共有・共感などが前提になります。相互に助け合うというものではなく、メンターがプロトジーを支援するという構造が明確です。

　メンタリングは、職場や組織の中だけでなく、家庭や地域などにおいても考えることができます。メンターは、「自分はこの人のようになりたい」「あの人は自分の目標とする人だ」というようなモデルとなる存在です。現在や過去にかかわりのある人の中にメンターを見つけることは、簡単なことではありません。実在する人として探すというより、自分の中にメンター像をつくることに意味があるかもしれません。メンター像をつくり出す過程では、「今自分が最も大切にしているもの」に

---

1) 馬場房子・小野公一『「働く女性」のライフイベント―そのサポートの充実をめざして―』ゆまに書房、99頁、2007年

気がつきます。かけがえのない他者としてのメンターを探しながら、自分自身の中にメンター像を積み重ねていくことで支えられることもあります。

　OJT、スーパービジョン、メンタリングについて、それぞれ解説してみましたが、OJTの指導者とスーパーバイザー、メンターが同一人物であることもあります。そして、自分自身が成長することにより、OJTの受け手から指導者へ、スーパーバイジーからスーパーバイザーへ、またプロトジーからメンターへ変化する可能性もあります。

Chapter3
高齢者とのかかわりについて考える

　高齢者は、過去から現在、また未来への「時」を紡ぎ、つなぎながら人生の「まとめ」を歩んでいます。一人ひとり異なる、かけがえのない人生を歩む高齢者にかかわることを、専門職としてどのように考えたらよいでしょうか。「共感・共鳴」「感情」「死」「回想」「ストレス」「家族」など、さまざまな側面から高齢者とのかかわりについて考え、高齢者の力に学びながら共に歩むことを目指します。

3-01 高齢者(利用者)を理解するとは

● **専門職としての利用者理解**

　介護職が利用者を理解しようとするとき、その方法は一般的な「人を理解する」こととは少し異なります。「利用者にとって適切な、よい支援であるために理解する」という目的があり、その目的を踏まえて支援していくので、「理解させていただけますか」という姿勢で相手にかかわることになります。その際、無条件で理解させていただける訳ではありません。利用者の了解を得る過程には、契約や約束事があり、「このような支援を受けることができる」という保証が得られてはじめて、利用者は了解し、納得してくれるのです。介護を行うためには、もちろん利用者の状態や状況を理解する必要がありますが、その視点とは別に、利用者に「一緒に考えていくこと」を了解してもらっているという基盤があるから理解させていただけるということを忘れてはならないと思います。

　だからこそ、「このように支援したい」という利用者と自分の一歩先の姿や関係を描くことができなければ、「理解したい」と申し出ることはできません。これは、夫婦間や家族間の理解とはまったく異なるもので、「違う人生を歩んできた他人を目的をもって理解する」という場合に求められる視点です。介護職は、後に述べるように、「人と人」とのかかわりである一方で、「利用者と介護職」との関係の特質を熟知して利用者を理解する必要があります。

　支援の内容や方法は、利用者とともに歩みながら変化していきます。したがって、よりよく変化していくことを含めて保証していることになります。そこまで含めて、理解させていただくことの責任があります。

● **人としての利用者との関係**

　一方で、専門職としてかかわることによって、「心の底からふれあう関係」が築きにくくなってしまうという矛盾もあります。つまり、利用者とのかかわりにおいて、「何のために支援しているのか」を考えながら行動していると、「よかった」とか「うれしい」というごく自然に湧いてくる気持ちを表現しにくくなってしまうことがあります。本来、喜びには根拠など必要ありません。専門職としての姿勢も大切ですが、人として湧いてくる思いや感情は、いっそうかけがえのないものです。

　この点が専門職として介護を行う際の難しさともいえます。介護の仕事では、人間性、専門性、そして利用者との関係性について、深い理解が求められます。利用者にとって「必要とされながら、邪魔にならない存在」として在ることは、容易なことではありません。

● **利用者の何を理解するのか**

　「利用者を理解する」というとき、実際には利用者の何を理解するのでしょうか。例えば、利用者の多面性を理解する、過去と現在と未来を統合するように理解する、過去の話を聴いて今と結びつけて、今後を考えるなど、さまざまにいわれています。

　利用者の過去の話を聴くときに気をつけたいのは、「過去のこの出来事が原因で、現在はこのようになっている」などと、過去と現在を直接的に結びつけて理解する必要はあまりないということです。利用者が過去について語るとき、それはそのときの利用者が見ている世界であり、現在の状況との関係を前提に話しているわけではないからです。したがって聴き手は話の内容そのものに思いを寄せ、利用者のイメージとともに、時間の枠組みを超えて自由に動くことができる力が求められます。利用者が「あなただから話すのよ」と言うときには、時間を超えて、その人に思いを寄せ

ることができている状況であり、また、その試みや確認の時でもあるといえます。

　生まれた場所や育った環境、暮らし方も異なる相手を理解することは簡単ではありません。高齢者が自分について話すときには、介護職は環境や関係性も含めて理解する必要があります。それこそが専門職として話を聴くということであり、それができなければ、何のために話してもらっているかわからなくなってしまいます。利用者のもつ力、資源、人間関係、環境などを重ね合わせてその人の全体像をしっかりと考えることが専門職として利用者を理解する基本的な方法です。

● 認知症の人を理解するとは

　認知症の人については、上記に加えて、その人の時間や場面のとらえ方、好きなこと、嫌いなこと、ものごとのまとめ方、価値観、語りの特徴、パターンなどを具体的に理解することも大切です。これらは家族には当然わかっていることですが、他人である介護職は、意識的に理解していく必要があります。それぞれに話の切り出しが重かったり、最後に結論が出たりといった特徴があり、認知症の高齢者の場合は特に、それを崩してしまうと話すことができなくなってしまう人もいます。介護職にはそれらの特徴を敏感に把握し、理解することが求められます。

　そのほか、話が変わるタイミング、傷ついてしまう言葉なども理解しておく必要があります。相手の価値観によって、同じことを言っても傷つけてしまったり、些細なことであるのに、とても大ごとであるようにとらえられてしまったりすることもあります。また、一度嫌な思いや不快な思いを抱かれてしまうと、その後の関係性の修復は簡単ではありません。率直な訂正や修正が信頼関係を進展させることもある一方で、思わぬ一言が決定的になってしっくりしない気分の悪循環となる場合もあります。認知症

等により、言葉が失われたり、限られたりしてくると、1つの言葉の意味がいっそう先鋭化されることもあれば、1つの言葉がたくさんの意味をもっていることもあります。

● **認知症の人とのかかわりを学ぶプロセス**

　図3-1は、認知症の人とのかかわりの基本を学ぶプロセスです。認知症高齢者へのコミュニケーションスキルマニュアルとして、トーズランド（Toseland, R. W.）らが示したものを元に作成しています。介護を学びはじめた人やボランティアとして認知症高齢者のケアに携わりたいという人の研修の方法として用いられています。このコミュニケーションスキルマニュアルには、次のような特徴があります。

❶認知症高齢者の行動や思いを体験的に学ぶところからはじめる

　認知症高齢者とのコミュニケーションについて学ぶ際、多くの場合は、認知症高齢者の認知や記憶、情動などを理解するところからスタートしま

図3-1　認知症の人とのかかわりを学ぶプロセス

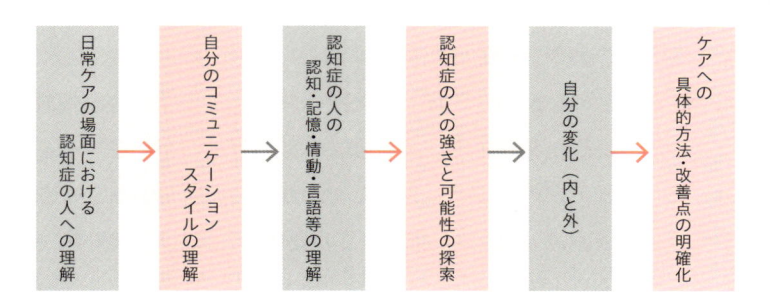

日常ケアの場面における認知症の人への理解 → 自分のコミュニケーションスタイルの理解 → 認知症の人の認知・記憶・情動・言語等の理解 → 認知症の人の強さと可能性の探索 → 自分の変化（内と外） → ケアへの具体的方法・改善点の明確化

出典：Toseland,R.W. & McCallion,P., *Maintaining Communication with Persons with Dementia : an educational program for nursing home staff and family members—Leader's Manual—*, Springer Publishing Company, 1998.

す。しかし、本方法では、まず現場の認知症高齢者の行動や思いを体験的に学ぶことからはじめるという特徴があります。

❷自分のコミュニケーションの方法に焦点を当てる

　学びの初期の段階で、自分自身のコミュニケーションスタイルに焦点を当て、認知症高齢者とのコミュニケーションと結びつけて考えるという特徴があります。介護の初任者では、自分の行動が認知症高齢者に対してどのように影響するのかという理解の方法や具体的に自分がとった行動について、体験的に学んできた人は限られています。そこで、自分のコミュニケーションスタイルを理解するという切り口で、相手とかかわりあう自分の姿や行動に着目します。これは後に「自分の変化を内と外でみていく」ための基盤づくりともいうことができます。

❸認知症高齢者の多側面の機能について理解する

　認知症高齢者自身の状態（認知・記憶・情動・言語等）と今後の予測について、認知症ケアにかかわる多様な専門職や文献を通して知識を得るという特徴があります。

❹認知症高齢者の強さと可能性を探る

　認知症高齢者とのかかわりの難しさとは切り離して、強さや可能性を探索することにも特徴があります。これは、エンパワメントアプローチやその人のしたいこと、できることに着目したかかわり、「高齢者は〜できる」という価値観（図3-2）に基づくかかわりの変化を元にしています。

❺体験を通して自分の変化に気づく

　約２週間の現場での実習体験を含めて学ぶプロセスなので、体験しなが

図3-2　強さや可能性に着目した価値観

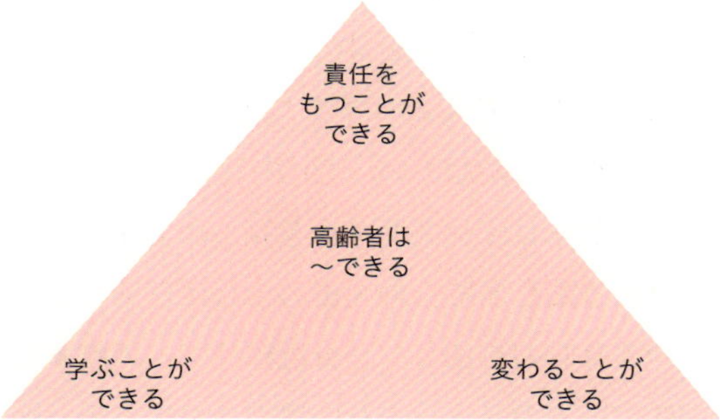

```
              責任を
              もつことが
              できる

              高齢者は
              〜できる

  学ぶことが              変わることが
    できる                  できる
```

出典：Walter, E., *Empowerment the Aged*, 野村豊子訳

ら自分の変化に気づくという特徴があります。自分自身の変化は、「価値観」などの自分の内面の変化と、行動、行為、振る舞い、言葉の用い方などの外面の変化があります。内面的な変化はあっても、外面的には変化しないという人は、内面の変化を踏まえ、具体的なコミュニケーションの方法をどのように変えていくかが課題になります。2週間の実習の後に、改めてその施設を訪れた際に、以前とは異なるコミュニケーションができるようになった自分を感じることができれば、達成感や満足感を得られ、よりいっそう学んでいくことへの勇気ときっかけが得られます。

❻学びのプロセスを踏まえて、ケアに活かす

　最終的には、それまでに学び、気づいた認知症の人の現状、可能性、自分のコミュニケーションスタイル、自分の変化を重ねあわせて認知症の人のケアについて具体的な方法や現状の改善点を明確にしていくという特徴があります。

繰り返しになりますが、このプロセスは、自分の目で見て、身体で体験した「日常的なケアの場面での認知症の人の行動や思い」を理解するところから始めます。頭で考え、知識を身につけていくことも大切ですが、観察や体験を通して感じたり考えたりする力を大切にしています。そして、なぜそのような行動をとるのかという原因を理解するのではなく、今度は自分自身のコミュニケーションスタイルを見つめます。ここでも認知症の人との体験をもとにすることで、他人事のように理解するのではなく、自分のコミュニケーションの方法として身近に感じ、理解することができます。その後、認知症の人のさまざまな困難の背景にある、病気に起因する多くの症状を学びます。ここまでが大きく、体験や知識から学ぶ段階といえます。

　その次の段階では、認知症の人の強さと可能性を探索します。「認知症の人への支援」を学ぶプロセスにおいて、本人の強さや可能性を探索することは、自分自身の視点や価値観を変えなければできることではありません。力のない人を専門的な方法で支援するのではなく、今もっている強さや可能性を支援するという価値観への転換です。それができてくると、自分の内面と外面（行動）が自然に変化していることに気がつきます。気づき、変化した自分が、今度は認知症の人のケアの具体的な方法を計画していくのです。

　このように、自分自身の価値観の枠を外して高齢者を見ることによって、はじめてその人を中心とした支援を計画することができるようになります。

演習　自分自身の高齢者像

　75歳から80歳くらいになった時の自分について、下記の項目を参考に具体的にイメージしてみましょう。現在、職場で使用しているアセスメントシートに記入してみてもよいと思います。

❶それは、何年後ですか。
❷身体的な特徴はどのように変化しているでしょうか。
❸家族構成や家族のなかでの役割はどうでしょう。
❹仕事や趣味活動、生きがいについても想像してみましょう。

コメント

20歳前後の学生に「いくつまで生きたいですか」と尋ねると、多くの学生が「60歳」や「65歳」と答えます。80歳以上の高齢者と接する機会がほとんどないからでしょうか。昔に比べて、祖父母とのかかわりも薄くなり、歳を重ねることが今まで以上に他人事になっているように感じます。それでもいずれ自分の体験として身近になっていくものです。この演習が「歳を重ねるプロセスの理解」につながればと思います。何十年も先の自分の姿を思い浮かべることは、ほとんど体験していない試みであり、1つのチャレンジになるかもしれません。また、「高齢者とは？」「老いることとは？」などを理解するよいきっかけになると考えます。

3-02 信頼関係を形成するために

● 暮らしに希望が湧いてくるような関係づくり

　利用者との出会いは、少しずつその人を理解していくプロセスのはじまりです。同時に、利用者にとっては、「この人は私のことをわかってくれるかもしれない」「今の不自由な生活を、少し楽にするのを手伝ってくれるかもしれない」という期待が生まれるプロセスのはじまりでもあります。このように、介護の場面での「出会い」は、期待や願い、希望が、少しずつ通い合うことを含んでいるということができます。「信頼関係の形成」というととても客観的に聞こえてしまいますが、「利用者の暮らしに希望が湧いてくるような関係づくり」なのです。

　利用者のニーズは、暮らしに希望が湧いてくることによって「〜したい」という思いに変わり、サービスや人材を得ることによって「〜できるかもしれない」という期待を含んだものになります（図3-3）。信頼関係を形成していく際には、この展開過程をしっかりと理解し、どの段階にあるのかを把握しておきたいと考えます。

　ここでいう「信頼関係」とは、もちろん利用者と介護職という枠組の中だけでとらえるものではなく、親子・夫婦・同僚などとの信頼関係に近い、人としての信頼関係をいいます。年齢や性別、役割を超えて築く関係性です。

● 相手を深く理解するために

　信頼関係を築いていくには、相手を深く理解することが不可欠です。利用者を理解するには、バイタルサインやADL（Activities of Daily Living；

図3-3　ニーズの変化

need
〜が必要だ

want
〜したい

hope
〜できるかもしれない

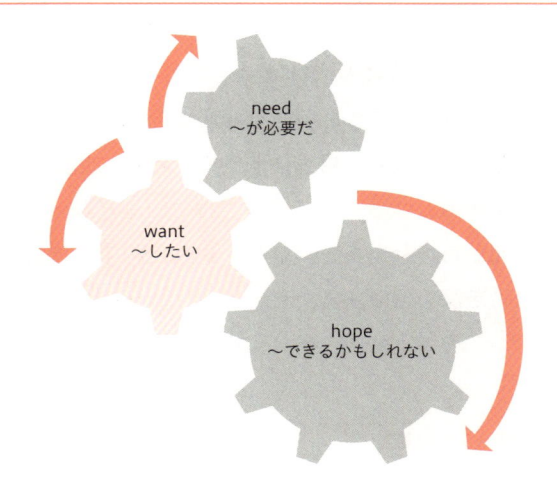

日常生活動作）の状態、認知症の症状などだけではなく、その人の思いや願い、大切なもの、支えとなっているもの、生きがい、価値観などを含めて理解する必要があります。

　［1-04］（20頁）でもふれたように、高齢者のなかには、言いたいことや伝えたいことをうまく表現できずにいる人も少なくありません。また、伝えたいことの背景にある、意欲や希望が何らかの理由で妨げられていることもあります。伝えたい思いはたくさんあっても、身体的な障害のために伝える手段がないという人もいるでしょう。介護職は、さまざまな状況にある利用者を深く理解するための方法について工夫し、編み出していく創造的な役割をもつ人です。

　相手を深く理解するためには、相手の「内的世界」を構成している要素に着目するのも1つの方法です。内的世界については［1-05］（24頁）で詳しく述べていますが、構成要素としては、自分は何者なのかといった自

己概念や価値観、人間観、世界観、宗教、生きがい、性格など、さまざまなものが考えられます。利用者からの一つひとつのメッセージがそれらを背景として発信されていると考えれば、利用者を深く理解するためには、内的世界を十分に知り、受け止めることが必要となります。

また、人は、❶情緒的側面、❷身体的側面、❸知的側面、❹社会的側面、❺精神的・霊的側面の5つの側面で構成されていると考えることもできます。これらの側面から自分自身を理解し、さらに相手を理解するよう努めることが、利用者を深く理解するためのコミュニケーションの第一歩となります。

表3-1 人を構成する5つの側面

❶情緒的側面	気分、感情　など
❷身体的側面	体温、歩行機能　など
❸知的側面	記憶力、言語的理解　など
❹社会的側面	対人関係、社会的役割　など
❺精神的・霊的側面	宗教観、人生観　など

● 利用者からのメッセージに敏感になる

利用者の話を聴く際は、姿、視線、間のとり方、立ち居振る舞いなどを総合して理解しますが、全体として何となく違和感があるときは、敏感に察知しなければなりません。［1-05］（24頁）でも述べたように、その違和感が何かのメッセージを伝えていることがあるからです。違和感は、利用者から介護職へのメッセージであることも多く、そのメッセージに気づくことができると、相手にとって、その経験は信頼への一歩にもなり、何かの折にふと思い出す心地よさとなることもあります。

利用者を理解する際に忘れてはならないのは、相手も自分も変化しているということです。ある関係性の進展のなかで、理解できたと思っても、それをもとに「このような人だ」と固定することは避けたいものです。変化し続ける部分があること、最初の理解との違いに気づくこともあることを踏まえ、常に利用者からのメッセージを受け止めることができるように準備しておく必要があります。

| 演習 | 「信頼感」の体験 |

　2人1組になって、前後に少し距離をとって前を向いたまま一緒に歩いてみましょう。前を歩く人は、後ろを歩く人に少し配慮しながら、スピードを変えてみたり、止まってみたりします。後ろの人は、前の人の歩く速度や歩き方に合わせついていきます。はじめはぎこちないですが、そのうちに前の人と後ろの人の歩くペースが合ってきます。

　前後の位置を交替し、それぞれ感じたことを話し合ってみましょう。観察者を置いて、気づいたことをコメントしてもらってもよいでしょう。

コメント

この演習は、「見えない糸」を感じる体験です。少し距離がありながら、前を歩く人と後ろを歩く人は見えない糸でつながっています。信頼感が二者間に生まれるにつれ、糸が太くなっていくことを感じてください。後ろの人に「何か」があったときには、前を向いていても気づくことができるはずです。後ろの人は見なくても気づいてもらえるような気配を醸し出していることを理解しましょう。第三者に見てもらったり、録画して観てみるとよくわかります。

> **演習** あなたの生きがいは？

「生きがい」は、「生きる」ことを真ん中に、人生、生活、生命で構成されているといわれますが、実際には、もっと多くの要素が含まれます。この絵の花びらに、あなたの生きがい、興味、関心などを書き加えてみてください。

生

人／生活／命

コメント

高齢者の生きがいを支援することは、自分自身に興味、関心、生きがいが豊かにあってこそ可能なことだと考えます。高齢者は、長い人生を歩むなかで、生きることの目標や達成したことの満足感、また、人と人とのかかわりで生まれた充足感を重ね合わせながら自分の生きがいを紡いできています。高齢者を支援する人は、高齢者ほど長い年月を歩んではおらず、蓄積した生きがいも限られています。だからこそ自分の生きがいについて、一度立ち止まってゆるやかに見つめることが大切です。

3-03 高齢者の「察する力」「共鳴する力」に学ぶ

● 高齢者の「察する力」

　対人関係に役立つような「感情の表現方法」について、家庭や学校で教わる機会はほとんどないと思います。むしろ日本では、「婉曲表現」など、感情をあまり直接的に表現しない方法が重視され、教えられてきたようにも思われます。特に、戦前の教育や社会習慣のなかで育った高齢者は、「語らずとも察する」というように「察すること」を重視した関係性のなかで暮らしてきたこともあり、察したり共感したりする資質や傾向を豊かに蓄えてこられたように思います。

　回想法のグループで「季節のおいしい食べ物」というテーマで話をしていたとき、次のようなやりとりがありました。

Aさん：この季節になると、夫が里芋の煮っ転がしを食べたがったのよね……。

リーダー：Aさんのご自宅の近くに、○○という八百屋さんがありましたね。あのお店に行くと、いつも新しい野菜が手に入りますね。

Aさん：この頃は、あそこまでも行かれなくて……。

Bさん：ご主人が亡くなられてだいぶ時間が経っても、里芋の味を思い出されるのですね。

　Aさんは、ご主人が亡くなられたことをはっきりとおっしゃったわけではありませんでしたが、BさんはAさんの状況や気持ちを自然に察して、このような表現に至ったのだと思います。

介護職は、高齢者の豊かで多彩な感情表現の方法を知り、自分のものとして身につけていくとともに、高齢者の「察する力」の高さにも学んでいきたいものです。

● 高齢者の「共鳴する力」

　高齢者は、相手の感情を察する力とともに、相手の感情に共鳴する高い力をもっています。高齢者は人生経験を積むなかで、「体験の意味」の層を重ねてきています。そのため、他人が語る一つひとつの体験の意味をその都度、意識的に振り返ったり、改めて思いを寄せたりしなくても、相手の感情に自然に気づくことができるようです。これが「共鳴する力」です。

　回想法のグループで、「子どもの頃の夏の思い出」について話をしていたとき、参加者の1人が、家の中に蚊帳を吊って、その中で過ごしたという話をしました。すると、その場にいた別の参加者も加わり、回想が次々と展開しました。

Cさん：私も部屋に蚊帳を吊りました。電気を消すと真っ暗になるので、蚊帳の中に山で捕ったホタルを放して遊んだことがあります。
Dさん：私もホタルを放しました。真っ暗な中、ホタルがポッポッと明るく照らす様子を思い出します。
Eさん：物はなくても「いい時」でしたね……。
Fさん・Gさん：うん、うん。（何度もうなづく）

　皆が、まるで目の前にホタルがいるかのように目を細めて話をしている様子は、まさに同じ世界を共有し、体験そのものだけでなく、その時の温度や湿度、抱いていた感情に共鳴していることが伝わってきました。
　高齢者は、自然に相手の感情に気がつく一方で、何かのきっかけで、深

く自分自身を問い直し、他者との関係を評価することもあります。つまり、多くの高齢者は、経験を振り返ることや見直すことを自然に行っているため、ほかの人の経験を十分に受け止めることができるのではないかと思います。

● 人のもつ「影響力」

　「察する力」とともに考えたいのが「影響力」です。これは「発信する機会」と言い換えることができるかもしれません。地域で暮らす高齢者に比べ、施設などで暮らしている高齢者は、「影響力」を発揮する機会が限られています。つまり、それまでの人生の歴史や関係性から考えると、情報を発信したり、影響を与えたりすることが、その人が本来もっている「容量」よりもずっと少ないのではないでしょうか。

　一方で、職員の影響力はかなり大きいといえます。職員が一人の利用者に対して言ったことや行ったことは、ほかの利用者や職員にも影響します。介護の現場では、情報の発信と受信のバランスが崩れている状況が当たり前になってしまっていて、問題意識はほとんどないように思います。

　職員は、自分の影響力は、特定の人にとって大きいだけでなく、ほかの人にも影響しているということを認識することが大切です。利用者は周りの雰囲気をとても敏感に感じているため、職員の行動は周囲を形づくってしまうほどの影響力をもちます。したがって、職員はそれだけの責任があると自覚しなければなりません。特にユニットやグループホームなど少人数でグループを形成している場合は、その影響力が凝縮されてしまう危険性があるため、風通しのよい環境を意識してかかわることが重要です。

　誰でも自分の生活には自分の影響力（選択権、決定権）をもっていたいと思っているはずです。施設などで生活する高齢者は、そのために支援を必要としているとさえいえます。しかし一方で、［1-04］（20頁）で紹介し

たJさんのように高齢者には「察する力」があり、その状況での自分の位置取りを自ら決めて形づくることができてしまうため、そこにつらさや歯がゆさを感じてもいるのです。例えば、今まで願ってもかなわなかったことができるような生活を望んでもよいのではないでしょうか。ほかの人が支援してくれるからこそ挑戦できることが、人生のまとめを歩む時に訪れる……。それは、とても素晴らしい機会だと思われます。

　反対に、期待とともに、自宅から施設などに住居を移したにもかかわらず、よくなるはずの生活がさらなる我慢を強いられる状況になってしまう可能性もあることに気をつけたいと思います。利用者一人ひとりが、情報の受信者であり、同時に他者や周囲の環境にかかわり、影響力を拡大していくという役割を発揮できるよう意識し、支えていくことが望まれます。

| 演習 | 吹き出しチェア |

2人1組になって、いすを縦に並べて座ります。前に座っている人は、「高齢者とのかかわりで、最近、印象に残ったこと」を前を向いたままで話します。後ろに座っている人は、その場面で、前の人がどのように感じたのかを言葉で表します。その後、役割を交替して同様に行ってみましょう。
(例)

前の人	後ろの人
3日前にデイサービスに参加されていたAさんが、そのときまではにこやかだったのに、突然、ひたいに手を当てて困惑した様子で「困った……」とおっしゃいました。	どうしたのだろう？ 何を思っていらっしゃるのだろう？ 急に表情が変わってしまって、とてもつらそう……。

（前の人の吹き出し：3日前に…）
（後ろの人の吹き出し：どうしたのだろう？）

コメント

前に座って話をしている人の顔の表情やしぐさは、後ろにいる人にはわかりません。前に座っている人がその場面を体験したとき、どのような思いを抱いたのかを声のトーンや語り口を通して理解します。そして話の内容を受け止め、前の人がそのときに抱いた思いに共感し、瞬時に前の人がそのときに抱いた思いを表現します。

演習　情報の発信者と受信者

　日常生活における利用者とのかかわりのなかで、利用者が情報の「発信者」「拡大者」となっている場面、そのようになることができそうな場面を考えてみましょう。また、反対に利用者の「察する力」に頼ってしまい、介護職が「発信者」「拡大者」になっている場面を思い出し、その状況を振り返ってみましょう。

コメント

利用者が情報の発信者、拡大者になっている場面を思い出すことが難しかったり、文章にするのが難しかったりということもあります。利用者との日常のかかわりについて、明確に振り返り、文章化することはあまりないからかもしれません。グループホームやユニットケアなどのグループでの状況を振り返ることができると、日常の暮らしのなかで、気がつかないうちに利用者の「察する力」に頼っている様子が見えてきます。

3-04 「相談する」とは？ ——なぜ、話しにくいことを話すのか

● 介護職が相談を受ける場面

　ケアマネジャーやソーシャルワーカーが担当する「相談面接」の目的は、主に利用者や家族が抱えている問題や課題を解決することにあります。一方で、介護職が利用者や家族から相談を受ける場合は、問題や課題の解決を目的としているとは限りません。例えば「身近な人」にだからこそ伝えられる、ちょっとした戸惑いや不安、心配ごと、気づきなどを介護職とのかかわりのなかで表現し、伝える場面でもあります。

　利用者や家族が介護職に相談をするとき、その内容についてちょっとした違和感があるという認識はあっても、「解決すべき問題」として認識しているとは限りません。したがって、問題や課題を見極めて解決するのではなく、介護職に伝えることによって、それが「問題」や「課題」になる

図3-4　コミュニケーションと面接

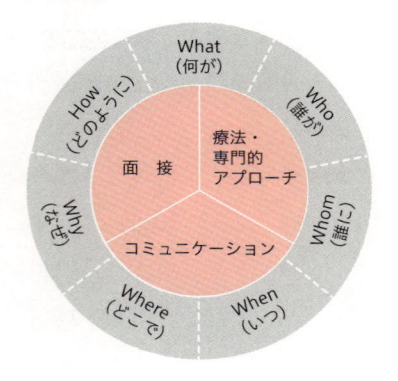

（図：外側の輪にWhat（何が）、Who（誰が）、Whom（誰に）、When（いつ）、Where（どこで）、Why（なぜ）、How（どのように）。内側は「療法・専門的アプローチ」「面接」「コミュニケーション」）

出典：野村・本山（2002）

ことを未然に防いでいると考えることもできます。もちろん利用者自身は気づいていなくても、解決すべき課題が潜んでいる場合もありますので、介護職にはそれを見極める力も求められます。

● コミュニケーションと面接、療法的アプローチ

利用者や家族から相談を受ける場面は、図3-4のように3つに分けることができます。コミュニケーションは、日常の暮らしのなかで、特に意識せずに、しかしとても大切な要素として、主に介護職が展開しているものです。面接は、ニーズの把握や情報収集などを目的としていて、相手に何らかの課題やニーズがあるときに行われます。面接には、相談援助面接と生活場面面接があり、生活場面面接は、暮らしのなかで解決したいニーズに焦点化し、生活のいたるところで、面接の形態を活用しながら展開するものです。コミュニケーションと生活場面面接とは表裏一体であるともいえます。

療法・専門的アプローチは、「この人には特定のかかわりが必要だ」と判断されたときに意図的に活用されるものです。ただし、療法・専門的アプローチがどのような方法であったとしても、人と人とのコミュニケーションの諸要素は大切です。コミュニケーションがなければ、療法・専門的アプローチは意味をもたなくなってしまいます。

コミュニケーションや面接、療法・専門的アプローチの相違を理解しつつ、6W1Hに沿って考えてみると、具体的に自分が行っていることの意味が整理できてきます。そして、各場面に応じて、自分自身を道具として、利用者のために上手に活用することができるようになります。

●「話しにくいこと」を誰に話すのか

自分のなかに違和感や焦り、収まりどころのない怒りや寂しさ、気がか

りなことや心配事があるとき、あなたは誰に相談したいと思いますか。やはり最も身近にいる人ではないでしょうか。身近な人であれば、あまり緊張せずに抱いている思いを話すこともできます。また、話すことで「とても耐えられない状況」になる前に、何とか収めることができるということも少なくありません。

つまり介護職には、利用者が自分の思いや状況を問題や課題として認識したり、周囲の人が問題に気づいたりする前の「よくわからないモヤモヤした状況」のときに、思いを表現することをうながし、それを受け止める役割があるといえます。

● **相談を受ける難しさ**

介護職の皆さんは、利用者や家族からの相談を受けることの難しさを感じていることと思います。相手の痛みや苦しみがわかるので、「何とかしてあげたい」という思いが募り、勇み足になってしまったり、必要以上に保護的になってしまったりすることもあるかもしれません。また「専門職」としての自分と、利用者の「身近な存在」としての自分との見極めが難しくなってしまうこともあるでしょう。そしてその結果、さまざまな困難を感じながら相談してきた利用者を前に、なかなか解決できないことにもどかしさや無力感を抱くこともあるのではないでしょうか。

このもどかしさや無力感は、「相談」を仕事とする専門職でも同じように感じるものです。利用者や家族とのやりとりのなかで、解決の糸口を見い出すことができなかったり、時が来るのをじっと待つことしかできなかったりすることも少なくありません。相談を受ける人は誰でも、専門職としての自分と私的な自分とを利用者とのかかわりのなかで見つめ続け、気づきを得ているということなのだと思います。

一方で、相談する側の利用者は、「こんなことを他人に話してもいいの

か？」「話す相手はこの人でいいのか？」という葛藤や話した後の後悔も含め、相談することの難しさを体験しています。したがって相談を聴くときには、利用者がどのような思いでその一言を発しているのかを常に考えることが大切です。「相談」という枠組みをはずしているからこそ、ふと湧いてくる感情や思いに対応するという介護職の役割を意識し、この人はなぜ相談をしてきたのか、今どのような状況なのかを考え、受け止めることが大切だといえます。

　イーガン（Egan, G.）によると、思いを表現するときに最も困難を伴うのは、「目の前の状況について、否定的な感情をその場にいる人に対して伝えること」であるとしています（図3-5）。表現する相手や状況によって異なるほか、実際に人の抱く感情は、肯定的なものと否定的なものに二分されるわけではありませんが、1つの目安になると思います。目の前の利用者が、怒りや恐れ、悲しみや恥ずかしさ、無力感、失望感などを含んで相談をしてきたとき、介護職は、利用者がまさにもっとも困難な状況を体験していることに配慮する必要があるのです。

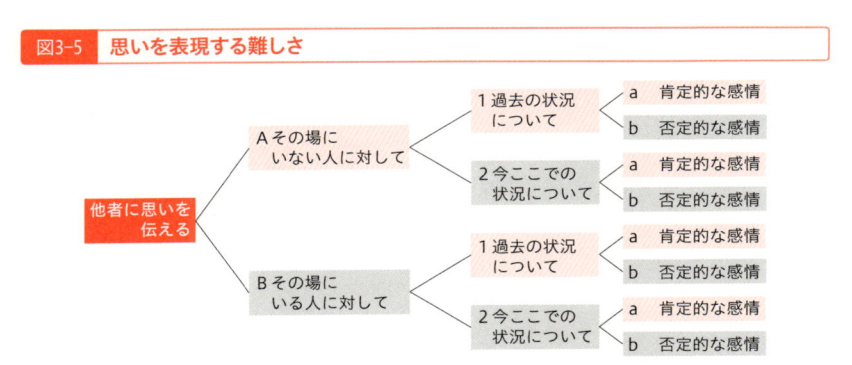

図3-5　思いを表現する難しさ

他者に思いを伝える
- A その場にいない人に対して
  - 1 過去の状況について
    - a 肯定的な感情
    - b 否定的な感情
  - 2 今ここでの状況について
    - a 肯定的な感情
    - b 否定的な感情
- B その場にいる人に対して
  - 1 過去の状況について
    - a 肯定的な感情
    - b 否定的な感情
  - 2 今ここでの状況について
    - a 肯定的な感情
    - b 否定的な感情

出典：Gerard Egan, *YOU & ME—The Skills of Communicating and Relating to Others—*, Brooks/Cole, 1977, 野村豊子訳

> **演習**　「話しにくいこと」があるとき

人は「話しにくいこと」があるとき、どのように表現するかを考えてみましょう。

❶ 2人1組になって、語り手と聴き手の役割を決めます。
❷ 語り手は、「決断できずにいること」「迷っていること」「話しにくいこと」などを思い描き、今、話すことができる範囲のことを聴き手に話します。
❸ 聴き手は、語り手の話し方やしぐさなどの特徴や、気づいたことを伝え、共有します。

> **コメント**
>
> 相談を受けるときに、相手が決めかねていて、悩んでいることは、どちらかというと言葉を選んで、ゆっくりしたペースで伝わります。そのようなときには、言葉と言葉の間や、話と話の重なりや続き方、沈黙に注意を払い、ゆったりとした聴き手であるよう心がけてください。迷っている段階のことを十分に聴く機会になり、相手のことをより深く理解できることがあります。前もって質問項目を決めて矢継ぎ早に、たたみかけるように質問していくような聴き方との違いを体験してみてください。

演習　なぜ相談するのか

❶ 自分が「話しにくいこと」を話して、「わかってもらえた」と感じたときの状況、「通じなかった」と感じたときの状況をそれぞれ思い出し、❶自分の状況はどうだったか、❷相手の状況はどうだったか、❸話の内容、❹話すまでの準備状況などを比較してみましょう。

❷ これまでに利用者・家族から受けた相談のなかで、自分では「うまく対応できなかった」と感じたときのことを思い出してみましょう。そして、相談してきた相手について、「なぜ相談してきたのか」「そのときどのような状況だったのか」を考え、今だったらどのように対応するかを考えてみましょう。

> **コメント**
> 「相談」は、話しやすいことを話すのではないという前提があります。また、「この人は頼りになるかなあ」と思いながら話すものです。したがって、話し手が相談をしてきたときに、聴き手が話し手よりも心の扉を大きく開いていなければ、せっかく開き始めた話し手の心の扉は閉じてしまいます。話し手の心の扉がどのくらい開いているかは、その人のそれまでの対人関係や抱えている課題の大きさによって異なりますが、どのような状況でも、一歩踏み出した話し手の決意を大切にしたいものです。

演習　話を聴くということ

　次の詩は、オランダのあるソーシャルワーカーが詠んだものです。介護職として、利用者とはじめて出会う場面を想像しながら読み、感想を自由に話し合ってみましょう。

話を聴いて欲しいと言っているのに、アドバイスをし始めるあなたは、私がお願いしたことをしていない。

話を聴いて欲しいと言っているのに、そのように思わない方がよろしいですよと話し出すあなたは、私の心に届かない。

話を聴いてと言うと私の問題を解決するために何かをしなくてはならないと思うあなた、ひとりよがりに聞こえるかもしれないけれど、そんなあなたに少しがっかりしてしまう。

私がお願いしたことは、耳を傾けてくれることであり、話すことでも、何かをすることでもありません。私の声と話を通して私を聴いてくれること、ただそれだけです。

アドバイスは安易です。たったの1000円で熟達した高名な舞台俳優を二人同じ舞台で見ることができてしまう。それに、自分にもできることがあるのです。何もどうしようもないのではありません。私のできることや、私が自分自身のためにするべきことをあなたがしてしまうと、私の不安や弱さが大きくなる。

でも、たとえ、どんなに理屈に合わなくとも、実際に私が感じているものであるということを事実として、あなたがそのまま受けとめてくれるとする。私はあなたを納得させようとするのを止めて、この自分でもわからない思いの底に、一体何があるのか、見てみることにとりかかれます。そして、自分で分かったら、答えは確かであり、アドバイスを必要とはしません。

理屈に合わない心情は、その根底にあるものが何か、それがわかれば意味をもってきます。時には、ある人には祈りがふさわしいこともあります。アドバイスをしたり、ああしたら、こうしたらではなく、当人自身で困難を乗り越え、道を切り開くことができるように導いてくれる。

だから、お願いです。耳を傾け、私の声と話を聴いてもしあなたが話したくなったら、あなたの番までちょっと待って。そのときには、私があなたの話に耳を傾けたい。

出典：野村豊子・北島英治・田中尚・福島廣子『ソーシャルワーク・入門』有斐閣, 91～92頁, 2000年

コメント

介護職のコミュニケーション技術では、「どのようにコミュニケーションをするか」という点に焦点を当てがちです。自分の技能を高めていくことはもちろん大切ですが、相手の思いや意向を踏まえて展開していくという基本を忘れてはならないでしょう。目の前で展開されているコミュニケーションについて、利用者からはどのようにみえているかに思いをめぐらせてみてください。それができると、不思議なことですが、利用者と介護職の信頼関係は潤滑油をそそがれたように、スムーズに展開していきます。

3-05 高齢者の感情表現を受け止めるには

● さまざまな表現方法を知る

　高齢者が伝えようとしている「思い」や「感情」を適切に受け止めるには、感情を表現する言葉を豊富に知っておく必要があります。表3-2は、高齢者が「うれしさ」「むなしさ」「つらさ」を表現するときの言い回しの例です。

表3-2　さまざまな感情表現（例）

うれしさ	本当にありがたい この歳まで生きていてよかった いつも気にかけてくれて、ありがとう おかげさまで、まだまだできることはある 盆と正月がいっぺんに来たような感じ
むなしさ	もう過ぎてしまったことだから 何の役にも立てなくて お若い人にはわからないでしょうね とうとうひとりになってしまって 子どもなんていても、気にかけてくれない 思うように身体が動かなくて 毎日、何もする気が起きない
つらさ	早くお迎えが来てほしい 疲れました どうしたらいいのかわからない なさけない、泣きたい 生きていても、いいことなんて何もない 針のむしろに座っているよう もう恥をさらしたくない

世代や地域、育った環境などによって、なじみのある表現や聴き慣れない表現には違いがあると思います。一つひとつの言葉や短い文章にも多くの思いが込められていて、よく聴いていると、表現されている感情の強弱の程度や微妙な違いが語彙のなかに含まれていることに気づくことがあります。さらに、少し気をつけて、日頃高齢者が思いを伝えるときの表現を聴いていると、それぞれの思いが、その人の個性や歴史に裏付けられていることがわかってきます。高齢者のさまざまな思いを受け止め、共感的に返し、信頼関係を築いていくために、まずは高齢者の表現の方法を学ぶ姿勢が大切です。

● **全体像のなかでとらえる**

　高齢者の感情表現を受け止めるためには、「どのように伝える人なのか」というその人の傾向を理解することが大切です。そのためには言葉の用い方、言葉の背景にあるその人の体験、エピソード、出来事、価値観等に対する理解を深めることが求められます。

　ただし、図3-6にあるように、日常会話の場面では、感情表現などの適切な情報となる内容は比較的少ないといえます。日常会話では、とりわけ情報とはならない内容（図のマイナス）が多いため、たとえ高齢者が感情

図3-6　日常会話と面接で交わされる情報の内容

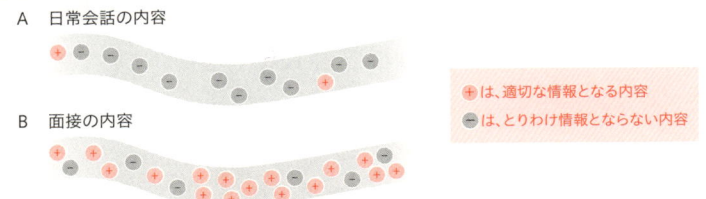

A　日常会話の内容

B　面接の内容

＋は、適切な情報となる内容
－は、とりわけ情報とならない内容

資料：Peter G. Northcuse. Ed., *Health Communication*, Appleton & Lange., p155 Figure 5-2. 1992を参照して作成

を表現したとしても、それに気づかずに聞き流してしまいがちです。また、日常会話のなかで語られる感情表現は、それが真意なのかを確認することはなかなかできることではありません。カウンセリングやセラピー等の場面では、1つの感情表現に焦点をあてて、その背景をひも解いていくこともできます。ただ、日常の会話では、会話は流れていってしまうので、1つの表現を気にかけ、とどまることはなかなか難しく、無意識にそのままにしてしまうことも起こりがちです。だからこそ、日常生活のなかで、高齢者が溢れる思いを語るときには、耳を澄まし、十分に受け止め、応答することができる準備を整えておきたいものです。

● **高齢者の感情表現から学ぶ**

　対人援助に長年かかわっている卓越した聴き手は、高齢者が発した言葉に対して、自分のなかに蓄積されたさまざまなエピソードを振り返り、その言葉の背景にあるものを類推する力をもっています。「高齢者はこのような感情をこのような表現で伝えている」ということの把握だけではなく、共有の世界を築き、拡げていく共感や類推の一歩として受け止めることが望まれます。

　学生の演習時や介護職の研修の折に、表3-2のような感情表現の例を挙げる課題を出すことがあります。その際、時間内に学生が書き込む言葉の数は極めて少なく、また例を示してもその言い回しがどのような思いを表しているのかピンとこない様子でした。学生がふだん使う表現ではないから仕方がないとあきらめるのではなく、同じ思いを抱いていても人によってさまざまな表現をするということを学んでほしいと思います。それが「共感的な理解」につながっていくものだからです。

　今の学生や20歳代の若い介護職が高齢者になったときには、どのような言葉で自分の感情を表現するのでしょうか。このことを考えると、高齢者

は若い介護職に「適切に感情を表現できる高齢者」への示唆をしているのかもしれません。高齢者の語る言葉に耳を傾けていると、高齢者同士の会話では、比喩的な表現や耳慣れない言い回しでみごとに通じ合っていることに気づきます。このような場面を目の当たりにすると、コミュニケーションを学ぶ意欲や、知識を積み重ねていく関心も深まっていきます。

● 感情の共有

　世代や個人によって表現方法は千差万別ですが、うれしい、むなしい、つらいなどの感情そのものは、世代や個人によって大きな違いがあるものではなく、ある程度、共有できるものです。つまり、何かを見たり経験したりするときに思うこと（抱く感情）には、共通性があり、お互いに十分理解が可能なのではないかと思うのです。理解が十分でない場合は、理解が深まるようにトレーニングを行うことが必要です。

　したがって、ある感情を抱いているときに、それをどのように表現するのかを介護の現場で世代や性別を越えて学んでおくことは、生きていくうえでも役に立つのではないでしょうか。「この人の言うことは、よくわからないのよね……」と切り捨ててしまうことなく、高齢者の言葉の力を介護職としてのスキルに変えていく姿勢が求められます。

● 一人ひとりの言葉の文化

　認知症の高齢者が仲間や家族と話をしているときに、その人が以前は使っていたと思われる感情表現を相手が使うと、「自分の話がしっかりと伝わっている」と感じられるようです。誰にでも長く蓄積したその人なりの言語の文化があります。認知症の影響もあって、自分ではその表現を使わなくなっていたとしても、相手の表現に親しみを覚えます。さらに、しっかりと理解しているときもあります。語彙数は限られていたとしても、

難しい言い回しや婉曲表現をみごとに理解している場面を体験することはよくあります。

　今の暮らしについて尋ねた際に、90歳代の認知症の女性が、「人はいろいろなのよねえ。年上の人は若い人を優しく見守らなければいけないのよねえ。でも、若いのに年上の人に向かって、こうしろ、ああしろと小言のように言ってしまう人もいるのよねえ。若い人は、それなりのわきまえを歳を取った人よりも持ってもいいかもしれないわね……」とおっしゃいました。その人は、教員の経験があり、学校で教える道徳と重ね合わせながら話しているように感じました。また、そのとき、話を伺っていた筆者自身への言葉でもあり、日頃の職員の対応についての注意でもあるように思われました。さすがと感服したことを覚えています。

● **攻撃的な感情表現**

　日常会話のなかで、利用者が介護職に対して攻撃的な言葉を発するとき、それは相手を試していたり、うまく表現できないもどかしさの表れだったりすることもあります。そして、自分が発した言葉に後悔しながらも、口にしてしまった以上、今さら取り消すこともできないなどの葛藤があることも多いのです。

　このような状況で介護職が、言葉そのものに過敏に反応して構えたりするとコミュニケーションは成り立たなくなってしまいます。日常会話のなかでは、どのような表現であっても、攻撃的な言葉そのものは聞き流すことが重要です。利用者は自分が言ってしまったことに対する罪悪感を抱いていることが多いので、「思わず口走ってしまった攻撃的な言葉」だけを取り上げて深く受け止めることは避けたほうがよいでしょう。

　高齢者に限らず、人は攻撃的なことや「いやみ」を言うこともあります。言ってしまったことに対して後悔しているときに、聞き流してもらえれば、

発した側は、気持ちが軽くなるものです。毎日、顔を合わせ、生活をともに構築していく関係性においては、この点は特に重要です。

　セラピーやカウンセリングの場で表現される攻撃的な言葉については、その感情を受け止め、言葉の背景や本当の思い、隠されたニーズなどを見極める必要があることもあります。ただし、日常的な会話のなかで発せられた場合には、その言葉に焦点を当てて深く追及するよりも、今日も明日も、安心して生活していただくために聞き流すことが大切な場合もあるのです。この点を踏まえれば、日常生活のなかで、利用者が発した攻撃的な言葉に対して、介護職が「ついカッとなって言い返してしまいました……」というような状況は防ぐことができるのではないでしょうか。

演習　自分の感情を表す言葉

　「うれしさ」「さびしさ」「むなしさ」「ありがたさ」を感じたとき、自分はどのような言葉で表現しているか、書き出してみましょう。

> **コメント**
> 日常生活のなかで、自分の感情を意識することはあまりありません。何らかの感情を抱いていてもそれに気がつかないこともあるでしょう。また、自分の感情を言語や非言語で表す方法については、子どもの頃から家庭や学校、社会のなかで自然に身につけているものであり、きちんと学ぶ機会はほとんどありません。しかし、介護の仕事では、自分の思いや感情を言葉で丁寧に表すなど、相手に適切に伝わるような手段や方法を意識的に身につける必要があります。相手の個性や状況にあわせて、適切な表現と伝え方を選択し、実践する場面を数限りなく体験する仕事であるからです。

3-06 閉じこもりがちな高齢者とのかかわり

● 「閉じこもり」という言葉のイメージ

　「閉じこもり」という言葉は、「閉じこもり予防」など、「防がなければならないもの」「よくないもの」という価値観を含んで使われることが多いと思います。しかし、「閉じこもっている」といわれる高齢者のなかには、当然、静かに暮らすことや一人の時間を楽しんでいる人もいます。つまり、高齢者のなかには、他人から少し離れて、距離感を保ちながら暮らすことを自ら選び、その暮らしに満足している人も少なくないのです。現在では、介護予防の流れのなかで、「閉じこもっている」という状況を否定的にとらえ過ぎている感もあります。

　少し前のデータですが、2006（平成18）年に岩手県宮古市で65歳以上の高齢者2000人を対象に行った調査では、「1週間に1度も外出をしていない高齢者で、要介護認定を受けていない人の生活に対する満足度は高い」という結果が得られました。つまり、「身体的に外出が可能である高齢者のうち、外出頻度が低い人の生活満足度が低いわけではない」ということになります。交通網があまり発達していないことや自分の土地で、毎日、畑仕事をしているなどの地域特性や伝統的な生活スタイルの影響もあると思われますが、この人々を「防がなければならない閉じこもりがちな高齢者」とするのには違和感があります。地元の行政や住民の方々との研究報告会でこの結果を話したところ、多くの方が「その通りだと思う」と、日頃の体験を重ねて納得されていました。

　「閉じこもり」という言葉を常に否定的な価値観を背景として使用するのは、適切ではありません。そうでなければ、暮らしのなかで当たり前に

考えている「一人で暮らすこと」の楽しさを否定することになってしまうからです。価値観を取り除いた状態で、そのかかわり方について検討し、語るべきなのではないでしょうか。

●「閉じこもり」と「引きこもり」

　もう少し「閉じこもり」という言葉について考えてみましょう。「閉じこもり」と対になる言葉に「引きこもり」があります。この「引きこもり」という言葉は、社会的な経験や人との関係性の構築が重要な思春期に、家から出ることができない状態を指して使われます。これら思春期にある人々は、悩み、傷ついて、社会的な環境のなかで生きることに困難を抱えている場合が多く、この状況を改善するために周りの支援を必要としているということができます。一方で、閉じこもりがちな高齢者はむしろ、十分に社会経験を積み、人との関係を築いてきた人が、自ら選んで人との距離を置く生活を送っているという状況も含んでいると考えることができます。

● 人と人とのかかわりの意味

　介護予防の取り組みの流れを受けて、高齢者が職員と会話をしたり、グループでのコミュニケーションの場を設定したりすること自体に意味があると思われている状況があります。それは、なぜでしょうか。高齢者にとって「デイサービス」や「○○教室」などに参加することの意味について、改めて考えてみることが大切です。

　まず、閉じこもりがちな高齢者がどのようなコミュニケーションの特徴をもっているかを考えてみましょう。よく「人と人とのかかわり」が大切だといいますが、かかわりの相手としては「人」だけではなく、物や風景、趣味などを含めてもよいと考えます。もう少しいえば、過去の自分とのか

かわり、将来の自分とのかかわりなども考えられます。また、専門職としては、思春期のかかわり、学生時代のかかわり、職場の関係など……、ライフステージの流れに沿って、他者との付き合い方、距離の取り方など、一人ひとりの高齢者が育んできた個性豊かな関係のあり方を理解したいものです。そのことを踏まえたうえで、それが変化した原因の特徴、長く続いている理由や今の状況などを理解しておくことが望まれます。人と人とのかかわりでは、「本人が人とのつながりの変化について、意識し、気がついているかどうか」が重要なのであり、現在かかわっている人の数や外出の頻度で、かかわりの善し悪しを一概に判断することはできません。

　では、人と人とのかかわりが重要視されるのはなぜでしょうか。それは、人にはお互いにはたらきかけることで、別の人や組織につながり、関係性の輪が広がり動いていく可能性があるからです。ここに、人と人とのコミュニケーションの「役割」があると考えます。

● かかわりの多様性

　人と人とのかかわりの場では、一緒に食事をしたり、プログラムに参加したりということだけでなく、外からの刺激を受けられる機会をつくることが大切です。それは、外に出かけていくだけでなく、自宅や自室に他者を招くかかわりも考えられます。「訪問」による朗読などは、外出頻度としては数えられていませんが、「待っている人に会える」ことによるかかわりの深さは大きな効果をもたらします。

　このとき、訪ね方の多様性にも配慮が必要です。施設などでは、職員が利用者の居室を継続的に訪問することも大切なかかわりです。その結果、他の利用者が訪ねるような機会ができて、利用者同士のつながりが生まれることもあります。また、自分の家や居室で待つということは、自分が「主人公」になる状況でもあります。「お客様」を迎えるにあたり、散ら

かっている部屋を片づけ、身づくろいをして、さまざまな気づかいや準備をすることなども社会的なつながりのスタートであり、とても重要な意味があります。

そのうえで、その人が新たな人間関係やつながり、場所などに興味をもっている場合には、居室や家の外の暮らしに誘ってみることも意味があるように思います。

● **かかわりに対するニーズ**

何かのきっかけで「生活」が継続できなくなり、その結果、外に出ることが難しくなった場合には、そのことが身体や精神に疾患を来す原因にもなると予想されます。しかも閉じこもっている状況では、外部の者が外から把握することは難しいということがあります。

例えば「定年制度」など、区切りのある企業に勤めている人については、その区切りの前から、退職により、周りのかかわり方が変化することを理解し、覚悟や準備ができていたかどうかが重要になります。「区切り」や「限り」によるかかわりの変化に気がつかなかったり、その変化に慣れなかったりした場合、同じ場所にいながら風景が変わって見えたり、今まで気にも止めなかったものが見えてきたりすることに戸惑いを感じることが大きいからです。「高齢者になる」ということや状況の変化に対する準備ができていないと、このようなことが起こり得ます。自分自身に問いかけるための時間的、精神的なゆとりが急に生まれたための変化ということもできます。これらをきっかけとして、外に出ることがなくなった人に対しては、かかわりを求めるサインを敏感に把握して支えることが求められます。

繰り返しになりますが、自宅や居室に閉じこもりがちな人については、「一人で寂しいのではないか」と考え、何とかして人の集まる場所に連れ

出そうと思うかもしれません。しかし、自分自身を大切にしている人で、「そっとしておいてほしい」と思っている場合もあります。何度か自宅を訪問し、これまでの人生を一緒に振り返るなかで、「けっこういろいろな人が周りにいたのね」と静かに感想を述べた人がいました。このように、過去の自分とかかわることで人とのつながりの変化に気づきます。現在は、さまざまな事情で、そのかかわった人たちは周囲にいなくなっていても、過去のつながりが安寧や落ちつきにつながる場合も少なくありません。そのような境地や思いに至るきっかけをつくることも介護職の役割の1つです。

　他者とかかわることが苦手でも、自分自身とじっくりとかかわることができる人はたくさんいます。高齢者のなかには、人生のまとめの段階にある今、自分の人間関係を今以上に広げたいと思っている人は、むしろ少ないのではないでしょうか。その状況は決して、強さがなくなり、反対に弱さが増していることを示しているとも限りません。また、エネルギーがなく、あきらめているからというわけでもないように思います。

● 「疎外感」と「孤独感」

　最後に「疎外感」と「孤独感」の違いについて考えてみたいと思います。この2つの言葉は、ふだんその違いをあまり気にせずに使っているかもしれません。しかし、日常の暮らしのなかでの疎外感は、周りと自分との色の違いがはっきりしていて、自分が際立っているあり様で、それに対して孤独感は、周りとは関係なく、どこにいても誰といても変わらずに感じている「ひとりきりである実感」ではないでしょうか。

　「閉じこもり」との関係で考えると、疎外感を感じている人には、そっと寄り添うことによりそれを和らげることができる可能性がありますが、孤独感を感じている人には難しいかもしれません。孤独感を感じている人

に対しては、孤独感が増していくことを少しでも留めるようなかかわりが求められるでしょう。

> **演習　疎外感と孤独感**

これまでのかかわりのなかで、「疎外感」を感じていると思われる利用者および「孤独感」を感じていると思われる利用者について思い出してみましょう。また、それぞれの利用者に対し、自分がどのようなかかわりをしたか振り返ってみましょう。

> **コメント**
> 介護の場面では、「個別化」の大切さがいわれます。そのためにアセスメントを行うのですが、そのときに相手の高齢者をいつも「支援の対象」という枠の中で見ていては、その人のもつ個性の豊かさや特徴をとらえることはできません。まずは、その枠を取り除き、その人にとって、この状況がどのような意味をもつのかを考え、理解することが大切です。

3-07 高齢者は「死」をどのようにとらえているか

● **高齢者が「死」について語るとき**

　「死」について考える際には、「時」が重要な意味をもちます。その人にとってその死が「過去」のことなのか、もしくは「現在形」なのか、未来、またはその他の時と時の間の出来事なのか、思いを巡らせてみることが大切です。

　自分の身体や精神の死について、具体的にどのように考えているかを話す高齢者にいつもお目にかかっている訳ではありませんが、そのような機会の印象は深く刻まれています。死は筆者の曾祖母や祖父母が孫に伝えてくれた話も含めて、お墓やお葬式などの話題に寄せて話すなど、さまざまな言い回しに見え隠れしています。お墓やお葬式というまとめの儀式は、具体的で、死を見えやすく、話しやすく、伝わりやすくしてくれます。「この世に生まれ育った『総体』として死んでいくこと」「生まれ育った地域や文化のなかで自分の人生を終えるようなまとめの仕方」など、一人ひとりの終え方、終わり方が語られます。最期は、自分なりにきちんとまとめて終わるという思いが個性豊かに伝わってきます。

● **「死」にまつわる高齢者とのやりとり**

❶自分の死に行く先を見据えたHさん

　ある特別養護老人ホームで、「最近、Hさんが暗い顔をしていて、何か悩んでいるようで心配だ」という相談を受けたことがあります。居室を訪ねて話を聴くと、Hさんは「私が死んだら、このホームに入る前まで一緒に暮らしていたJさんの骨を分骨してもらって、一緒にお墓に入れてほし

い。2人のお墓を建てるためにたくさん貯金をして準備をしてきた」と話しました。Hさんは高齢の女性で、長年一緒に暮らしてきたJさんは家庭のある人でしたが、Jさんの最期もHさんが看取ったとのことでした。このときHさんは、自分の死に行く先を見据えて深慮を重ね、自分の近い将来に死があり、そのための大切な準備にとりかかっていると感じました。また、「未来の死」に対する決断の大きさ、覚悟の強さに圧倒されました。

❷自分なりに「人生のまとめ」を行ったKさん

　30年近く、養護老人ホームと特別養護老人ホームで暮らしていたKさんは、ある回想法のグループで、自分から積極的に戦争前の暮らしなどを話されました。最後の回を終えたとき、他の参加者の方々が「楽しかった」と感想を語るなかで、Kさんは、「参加してみたけれど、何だったのかよくわからないわ」と独り言のように話していました。その後、5年ほど経過した頃に、ホームの廊下でお目にかかった折に、Kさんは、その回想法のグループに一緒に参加していた方が亡くなったことを話し、「もう一度、あの会のような集まりを開催してほしい」と望まれました。

　Kさんは、家族との確執を経て、自ら望んで養護老人ホームに入居した方で、そのホームで暮らす女性たちの長老的な存在でした。最期には、大切な人を数人ずつベッドサイドに呼び、一人ひとりに感謝とお別れを伝えてから亡くなりました。心の窓の開け閉めを、終わりの時にも見事になさるKさんの姿は、Kさんが回想の過程で語られたさまざまな場面と重なりました。Kさんは共に暮らした家族、ホームの友人たちとの長い年月の記憶を回想することもきっかけの1つとなり、Kさんらしい人生のまとめに納得されたのではないかと思いました。

　さらに、自分なりのまとめを行った後は、大切な人に順番にお別れを言うという「幕引き」を設け、今までの生き方のとおり、背筋を正して、別

の世界へと旅立つ橋渡しをされたのだと感じ入りました。

● 「過去形」の死

　グループ回想法で、今まで親しかった人との別れや死についての話題になったとき、Lさん（男性、82歳、アルツハイマー型認知症）に、突然「おばあさん」と呼びかけられたことがあります。Lさんにとっての「死」は、Lさんの祖母やご先祖様と深く結びついた「過去形」のものなのだと感じました。またMさんは、「大きな音がしたので風呂場に行ったら、妻が床に倒れていて……。そのまま救急車で運ばれて死にました」と淡々と話しました。Mさんは、お墓の話題になったとき、「私の妻がいるお墓の第○区は、まだ空いているよ。よい所だよ……」と話しました。Mさんにとって妻の死は過去に位置づけられていて、妻の眠るお墓は、自分にとっての「よい場所」としてまとめていました。このとき、他の参加者を含め、グループ全体は笑みも浮かぶようなユーモアが溢れていました。

　大切な人の死は、予期せずに突然思い出され、とりとめもなく頭に浮かんでくるものです。かけがえのない人を失った体験は、その人のことを回想として語るようになったときに、相手を自分から切り離して客体化することができ、「過去」になるのだと思います。そして、かけがえのない人の死を「過去のできごと」とみることができるようになることで、ひるがえって「生きる力」にダイナミックに変化していくと考えます。したがって、高齢者が人の死を回想として語るときには、「この死を受け止めて生きていく」という覚悟を表現しているのではないかと思います。つらい、悲しい、厳しいということ以上に、今、語っているということに意味があるのではないでしょうか。

　高齢者が「死」にまつわる回想をしているとき、なぜかほっとしたような、すっきりしたような表情をする背景には、このような心構えがあるか

らではないかと思います。

　日本には一般に、喪のプロセスとして初七日、四十九日、一周忌、三回忌などがあり、「時」を上手に使い、亡くなった人の「死」と適切に向き合う場面を設定しています。これらの時を経て、その人の死が徐々に「過去の出来事」になるのではないかと思います。高齢者の「死」に対するとらえ方には、この喪のプロセスと共通している点があるように思われます。

●「現在進行形」の死

　80歳を過ぎたNさんは、がんを患って入院している友人のOさんを1週間に一度、見舞っていました。OさんはNさんの訪問を待ちわびていて、Nさんの話を静かに聞いていたり、時々目で合図をしたりしていました。最期の「時」に立ち会うことはできませんでしたが、Nさんは「亡くなるときはね、やっぱり一人では寂しいわよ」と話していました。死に向かう人に対する自分の使命として、見舞いに行っていたように感じました。また同時に、自分自身の死について常に考えていることが伝わってきました。

　このような話は、例えば、病気の息子を見舞うような緊迫した状況ではできないでしょう。NさんとOさんとの間に、一定の「距離」があるからこそ、意味をもって話すことができるのであり、このように自分の死への道を整えているというのは、高齢者に特徴的なことではないでしょうか。その後、Nさんは、「友人を亡くす経験をすると、そのような悲しみにはもう二度と出会いたくないと思うのですが、またいろいろな人と友だちになっているのよね。仲良くなって、ふれあって、別れて、そして今があるのよね」とおっしゃっていました。

●「友人・知人」の死の受け止め方

　年に何度か連絡を取り合うくらいの友人や知人に会って、その人が数か

月後に亡くなるという体験をすることがあります。このとき若い世代の人は、学校生活や仕事、家庭生活があり、そのなかでの出来事としてその死をとらえることが多いのではないかと思います。一方で高齢者にとっての友人や知人の死は、若い世代の人とは少し異なる意味をもつようです。つまり、高齢者の話を聴いていると、友人や知人の死に際して、その人の死を受け止めているだけでなく、深く考察していると思うことがあるのです。例えば「あの人の最期は、幸せだったのかしら」「あの人は、私より少し先にいくのね」など、深い悲しみに暮れるというよりは、若干の距離感をもって考えていると思われる表現をします。高齢者から友人や知人の死の話を聴くことは意外と多いものです。

● **高齢者施設での「死」の体験**

　特別養護老人ホームなどの施設で生活している高齢者にとって、共に生活している人が亡くなることは、非日常的でありながら、実際には「日常的」な体験といえるかもしれません。この状況に対して、介護職は一定の配慮はしていると思いますが、高齢者が共に暮らしている人の死をどのようにとらえ、その死の影響をどのように受けているのかまで考えてかかわる必要があります。

　施設で同居している人の死は、先の友人・知人の死とはまた異なり、いつも一緒にいた人だからこその意味、「最期」を迎える場所で知り合った人としての重みがあります。最期を迎える場所で知り合った人を亡くすということの重みを、高齢者はどのように受け止めているのでしょうか。一方で、高齢者にかかわる介護職は、そのことをきちんと考え、対応の方法を検討しているでしょうか。高齢者とのコミュニケーションにおいて、「最期の場所」で出会った人の死に対する理解とともに、日常的なかかわりがあったからこそのお別れの仕方を考える必要があるように思います。

ある施設に入居していたRさんは、入院先の病院で亡くなりました。しばらくして、同じフロアで生活していたSさんは、「病院に入院されたと思っていたRさんは、結局戻らなかったけれど、あの人が好きだった水仙の花を持っていってください（お供えしてあげてください）」と言いました。

　施設の職員は気づいていないことも多いですが、これまでのかかわりの大切さ、亡くなった人への尊厳に対してSさんのように思っている人もいます。また、人が亡くなったときにこの施設ではどのような対応をするのかという流れを知ることで、考え込んでしまったり、家族に相談したりしている高齢者もいます。

　施設の職員は、亡くなった人や家族に対して、短時間で効率よく、適切に対応をしていると思っていても、共に暮らしていた利用者一人ひとりには、さまざまな思いが残ることもあります。利用者一人ひとりの思いに対して、きちんと別れの場面を設定することで、折り合いがついてくるものです。職員の折り合いのつけ方と利用者の折り合いのつけ方は異なるということを理解する必要があります。

　多くの高齢者は、「亡くなった後に親族があいさつに来たり、最期の様子を伝えてくれたりするとほっとする」「死を知っているのに、隠したり、聞いてはいけないような状況は寂しい」と言います。職員自身が利用者の死を受け止めていなければできることではありませんが、共に暮らしていた人の死を「日常的」に体験している高齢者への十分な理解が求められます。

　施設などで、常に現在進行形の「死」を受け止めて生活している状況では、高齢者は「最期は家族に会えたかしら」「痛みはどうかしら」「幸せに最期を迎えたのかしら」などが気になっています。そしてそれは、「最期

は家族に囲まれていきたい」「あまり苦しまずにいきたい」など、自分自身の死とも深く結びついた思いといえます。友人・知人の死を語る人は、自分自身の死に対する思いが整理され、明確になっている人が多いようです。ある程度の距離感があるからこそ、死という別れや終わりのあり方を客観視しやすいのだと思います。

| 演習 | 死を迎える場所・時・状況 |

　自分自身の「死」について、次の項目を参考に考えてみましょう。無理に答えを決めたり、他人に伝えたりする必要はありません。

❶どこで死を迎えたいですか。
❷誰に看取ってもらいたいですか。
❸治療や延命措置についての希望はありますか。
❹余命の告知は受けたいですか。

コメント

❶死を迎える場所について考えることは、自分と高齢者が生きてきた時代の相違を感じることにつながるかもしれません。❷看取ってもらいたい人を考えることは、最期の時を誰にわかってもらいたいかに気がつくことにつながります。❸治療や延命措置については、介護職としてきちんと理解し、高齢者の死に向き合う必要があります。また、❹余命の告知は、人間に許された自己決定の最大の課題であり、自分自身の余命の告知について考えることは、高齢者にかかわるうえで欠かせません。自分自身の死について、日頃からよく考えていたとしても、誰かの死に直面するときはつらく、悲しく、大きな戸惑いや後悔の思いでいっぱいになります。それでも、無理なく考えてみることにより、他者の死に向き合うための第一歩になります。

3-08 高齢者のセルフ・ネグレクトについて考える

● セルフ・ネグレクトの背景

　自らの生活・生命・人生を保つことを拒否し、自分自身を見放している状況や行為をセルフ・ネグレクトといいます。これは、必要な介護をしなかったり、適切に食事を提供しなかったりという虐待としての「ネグレクト」とは別に定義されています。高齢者がセルフ・ネグレクトに至る背景には、家族を含む他者からの尊厳を傷つけられる振る舞いや行為などが存在します。どのくらいの期間、誰が、どのような影響を与えたのかは、それぞれ異なりますが、それが高齢者に与える影響について、まったく無視された状況のなかで継続された結果、セルフ・ネグレクトに至るといえます。

　セルフ・ネグレクトの状態にある高齢者に対して、「知らず知らずのうちにこうなってしまった」という人もいますが、それはほとんどありえないことです。自分が高齢者に対して「知らず、知らず」とはいえないほどの影響を与えたという事実を受け止める必要があります。

● セルフ・ネグレクトの状態

　「生きたい」「暮らしたい」など、何かをしたいという思いがあれば、セルフ・ネグレクトの状態にはなりません。その意欲さえも削がれてしまっているのです。セルフ・ネグレクトの状態では、高齢者は自分以外とのかかわりを完全に絶ってしまっているので、誰かのはたらきかけがあれば変わるというものではありません。外からはかかわるすべがほとんどないのです。時や関係性などを含め、セルフ・ネグレクトに至るプロセスを再構

築していかなければ、外の世界とかかわることはできない状態になっています。

● 高齢者のセルフ・ネグレクト

　では、介護職として、高齢者のセルフ・ネグレクトをどのように考えたらよいでしょうか。児童期や成人期にある人が家に閉じこもり、生きることを放棄してしまっていたら、時間がかかっても、たとえ一歩でもいいから外に出られるように「何とかしよう」と考えます。一方で、高齢者に対しては、「しかたがない」「何とも言えない」などと、容認したり、見放したりするような文化があるように思います。しかし、介護職としては、「放っておいてほしい」と言われて、なすすべもなく立ちつくすようなことは避けたいものです。

　このような高齢者に出会ったとき、介護職が直接的にはたらきかけることは現実的ではないかもしれません。それでもこのような場面で自分はどう思うか、どう考えるかを深く探索することが大切です。怒り、無力感、なぜ気づかなかったかという罪悪感など、自分のなかに湧き起こる思いは、「自分だったらどうしたいのか」を整理するのに役立ちます。目の前の高齢者は、何かをしたいという希望を失ってしまっているので、自分が高齢者の立場だったらどう思うかを考えることで、このような状況に至ったプロセスがみえてきます。

● 介護職としてできること

　セルフ・ネグレクトの状況にある高齢者のなかには、亡くなる際にも人知れず、人様のお世話にならずに命を終える方がいます。だからこそ、介護職には、関係性を絶っていく高齢者に気づく責任があります。静かに命を終えていきたいという高齢者の思いに気づき、気づいているというサイ

ンを送り続けるという大切な役割があります。

　ロバート・カステンバウム（Kastenbaum, R.）は『人生の終焉』の巻頭言で、かつて死ぬことは忌み嫌うもの、怖いものではないという時代があったが、今は、「実りなく、疲弊し、使い物にならないものとして、線路の向こう側の廃品置き場のようなもの」[1]になってしまったと述べています。

　どのような状況であっても、人は自分の死を廃品置き場のようにはしたくないという思いがあるはずです。セルフ・ネグレクトの状態にある人も、この点は同じではないでしょうか。そう考えることでかかわりの方法が見えてくることもあります。

　その人が、自分自身の生活・生命・人生を見放しているのであれば、別の暮らしをして別の人生を歩んでいる、偶然の出会いをもった他人がかかわり合うことは、巡り合わせでもあると思われます。寄り添い、あきらめず、気長に、かかわりの一歩を当たり前に踏み出してみることで、「廃品置き場」さえも変化するはずです。

1）B. ドゥ・フリース監修、野村豊子・伊波和恵監訳『人生の終焉―老年学・心理学・看護学・社会福祉学からのアプローチ―』北大路書房、iii～iv頁、2005年

| 演習 | セルフ・ネグレクトの状況 |

次の事例を読み、感じたこと・考えたことを自由にまとめてみましょう。また、あなただったらＴさんに対してどのように支援するか、具体的に記述してみましょう。

> Ｔさん（72歳、女性）は、一人で暮らしている。28歳で結婚し、12年後に夫と死別、子どもはいない。夫の死後は独身の姉と暮らしていたが、半年前に姉は亡くなり、周りの人ともコミュニケーションが取れておらず、地域の中で完全に孤立してしまっている。急勾配の坂を上がったところの古い一軒家に住んでいるが、ゴミ等の異臭がひどく、民生委員から地域包括支援センターに相談があった。何回か訪問するが、応答がない。3回目の訪問時、家の中から応答があるが、玄関は壊れているのか、中からも外からも開けることができない。庭に回ると古い家具やダンボール、古着などが散乱し、異臭が鼻を突く。縁側から隙間を開けて家の中に入らせていただくと、3つある部屋のすべてがゴミのようなもので埋め尽くされており、台所の一角の小さなスペースに、背が高く、痩せて髪が長く、汚れた様子のＴさんがじっとたたずんでいた。

コメント

自分のことは自分で決める……、そのことを尊ぶと同時に、一方で、他人との偶然の出会いをその人が体験しているのであれば、かかわり合った者として、責任をもつことも大切なのではないかと思います。

3-09 回想を通した高齢者とのコミュニケーション

● 回想から気づく「苦しさ」「つらさ」の違い

　高齢者の回想を聴いていると、同じ戦争を経験していても、その体験を「苦しみ」として記憶していない人もいることがわかります。長く続く疎開生活で、食べ物や生活用品が不足するなかでも家族や親戚と協力しながら、子どもながらにさまざまなことを工夫して暮らしていた体験を「当たり前の生活」ととらえている人もいるということです。「戦争体験」のような長く起伏のある状況の体験と、東日本大震災のように、一挙にさまざまな「死」が訪れた体験が与える影響はまったく異なるということを高齢者の回想から気づかされます。

　2011（平成23）年3月11日の東日本大震災で被災した人々のなかには、実際に自分の周りで何が起きているか知らずに時が流れ、各種メディアの報道や全国からの知らせで、次第に状況を把握していったという人も少なくありません。それほど大きな被害を受けなかった人は、隣の町の被害状況を後で知り、「こんなに近いのに自分は同じ苦しみを味わっていない」ということに「負い目」を感じ、簡単に仮設住宅を訪ねることができないという話を聞きました。10年近く伺っている三陸地域での回想法を通じて長く地元に住んでいる高齢者の話を聴きながら、このような思いを抱いている人々とのかかわりについても深く考えさせられました。

● 回想を聴く「時」

　人は、元気のあるときに自分の死について語ることができます。痛みや苦しみ、気になることなどが四六時中、頭を巡っているようなときには、

死にまつわる回想を聴いてはいけないのではないかと思います。その状況から抜け出し、少しほっとしている「隙間の時間」に回想を話していただくことがよいようで、また、そのような「隙間の時間」に聴くと、回想が深まるように思います。

　間違えてはいけないのは、本人が望んでいなければ、回想を話していただく必要はないということです。高齢者が回想に対するニーズをサインとして出しているときに行うからこそ、過去を振り返り、今につながり、未来に解き放つ回想やライフレヴューの力が発揮されます。

● **回想を通した高齢者とのコミュニケーション**

　昔を思い出すとき、先にエピソードが思い出され、後からさまざまな色のイメージが浮かんでくるのでしょうか。それとも先に色のイメージが浮かんできて、続いて具体的なエピソードが思い出されるのでしょうか。人によって異なるとは思いますが、高齢者の回想では「暖かい色」「寒い色」など、色で表されるようなイメージを描いて話していることが多いように思います。昔の出来事を思い出すときに浮かんでくるのは、「桜の花のピンクであたり一面が染まっている」とか、「若草色の洋服を着ていた」とか、はじめから五感を刺激するように思い出しているような印象があります。つまり、回想を語るときには、「いつ、どこで、誰と」といった具体的な情報より先に、画像や映像が浮かんでくるのではないでしょうか。

　したがって回想の聴き手は、語り手の「イメージ」に身を任せるように感覚を総動員して、心の耳を澄まします。回想では、色や音、においや味などの感覚的な情報が大切なコミュニケーションツールになります。抽象的な表現になってしまいますが、回想では、語り手の語る風景の「ざわめき」が伝わってきます。これは相談面接のときの伝わり方とは異なるものです。語り手にも聴き手にも相談面接のスイッチと回想のスイッチがあっ

て、お互いにスイッチが合ったときに、相談の内容や回想が深まるのではないかと思います。

　語り手の語る「ざわめき」が伝わるようなグループ回想法での一場面を紹介します。

リーダー：今日は小さい時のおやつの思い出を伺ってみたいと思いますが…。Uさんいかがでしょう。
Uさん：母の実家でりんごをつくっていまして、よく生でも食べたんですが、落ちたりんごを拾ってきて、全部皮をむいてお鍋にたくさんにして、煮たりんごをおやつにすることが多かったです。
リーダー：いいですね。おいしそうですね。りんごを煮ますとぷーんとにおいますよね。
Uさん：いいにおいがして、学校から帰ってくると、今日はりんごを煮てるなってわかります。
Wさん：こんな大きなお鍋にね。
リーダー：あら、Wさんはこんな大きなお鍋で煮たそうですよ。
Wさん：7人も子どもがいたから。よくしたもんだ。女3人さ、男4人。いっぱいつくったの。
Yさん：私はね13人兄弟でした。おやつは家でなんかつくって。とうもろこしなんかは食べましたよ。
リーダー：どんなふうに食べましたか。
Yさん：焼いてです。焼いたのが一番おいしいです。一本のままで焼くの。
リーダー：一本のままで焼くわけですか。火は何の火で。
Yさん：炭の火です。
リーダー：とうもろこしも炭で焼くと、ぷーんといいにおいがしますねぇ。
Yさん：そうですねぇ。ちょっとこげたのがおいしい。砂糖醤油をつけて。

Uさん：あ、砂糖醤油をつけたりして。
Yさん：つけてまた焼くの。
リーダー：おいしそう。Yさん、とうもろこしは買ったんですか。Aさんは高くてなかなか買えなかったとおっしゃっていますけど。
Yさん：13人兄弟だから、大きなお鍋で。なんでもそうでした。
リーダー：大きいってYさん、このくらいですか（手を大きく広げる）。
Yさん：そんなじゃない。このくらいのお鍋で（手で大きさを示す）。13人兄弟でしたもん。
リーダー：大きいですね。にぎやかでいいですね。
Yさん：はははっ。
リーダー：みんなでわいわい言いながらいただいて。
Yさん：そうです、そうです。
リーダー：うわぁー楽しそうですね。
Bさん：あーそうだべなぁー。
Yさん：私は10番目の五女でした。
リーダー：10番目の五女。じゃ、かわいがられましたでしょ。
Yさん：あー、さっぱり。末っ子のほうでしたから。
Aさん：私は一本を4つに切らないと食べられなかった。高くて。4つに切ってね。
リーダー：そうですね。なんかとうもろこしを焼くいいにおいが、ぷーんとしてきたみたいな感じになりましたね。
Yさん：にぎやかでしたよ。
……（続く）

● 語り手の世界をともに訪ねる

　語り手の世界で何かが動いているとき、その感覚を一緒に感じ、語り手

の世界をともに飛ぶことができるとその後の関係性が大きく変化します。例えば、認知症の人が「この人と一緒に、いろいろな所を訪ねた」という感覚を覚えていて、「あなたとはいつも旅の話をしていて、先日は○○町の話をしたけれど、○○の山に行った話はしたかしら」などということもありました。

　別の言い方をすれば、語り手が打ち上げる花火のきらめきに、聴き手が次々に共鳴しているのが回想を通したコミュニケーションといえるでしょうか。回想法では、語り手の語る内容について、相談面接のように分析したり、解釈したり、フィードバックしたりという作業をすることはありません。聴き手は「半歩下がった同伴者」として、語りながら本人のなかでイメージがはっきりするように記憶をつなぐ支援をする役割があるのだと思います。

演習　回想の旅

❶ 子どものころの写真を持参し、2～3人のグループで「子どもの頃の思い出」を自由に話したり、聴いたりします。

❷ 感想や質問など、自由に発言してください。ただし、人の心の中に土足で入ることのないように配慮し、よい聴き手として臨んでください。

コメント

写真を元に回想することで、子どもの頃の遊びや両親のことなどにエピソードが広がることを体験できます。その写真を選んだきっかけや思いなどを話したり聴いたりしていると、自分でも気がつかなかったことがいくつも思い出されます。他のメンバーとの共有の体験も加わり、楽しいひとときとなります。

演習　二者間での回想の共有

❶ 2人1組で語り手と聴き手の役目を決めます。
❷ 今の季節の「忘れられない味の思い出」について、語り手が5分間話します。役割を交替し、新しい語り手が5分間話します。
❸ 語り手として感じたこと、聴き手として感じたことを共有します（10分程度）。

〈留意点〉

・はじめて出会う人や深くは知らない人に配慮をしながら回想を分かち合うプロセスを体験することが目的なので、いつも一緒にいてよく話をする人や深く知っている人以外の相手と行います。
・聴き手は質問をしすぎないように注意し、相手のペースを大切にします。
・聴き手は、相手の価値観や回想の世界を体験させていただくという姿勢で聴き、聴く前と後での自分の変化（相手とのかかわりや関係性の変化、心の窓の開き方の変化など）にも注意をはらいます。
・語り手は回想のすべてを語る必要はありません。

コメント

自分の回想を安全に共有できる基本的な演習です。異なる人生を送ってきた人が、偶然に出会った場で回想を共有できるという不思議さを体験します。性別の違い、世代間の違い、職種や生まれ育った地域の違いなどが回想の共有に影響するということも体験できます。自分ひとりで思い出していたときの思いと、同じ体験を聴き手と共有しながら思い出している今とでは、感じる印象やそのときの思いが異なっていることさえあります。

3-10 グループでのコミュニケーション

● **高齢者グループの特徴**

　介護を必要とする複数の高齢者が住み、参加し、所属する多様な施設や各種サービスの場をグループとみなすことができます。グループとは、次の5つの要素をもちます。①相互交流を頻繁に行う何人かの人の集まり、②他の人たちから1つのグループだとみなされている、③構成員は自分たちをグループとみなしている、④構成員は共通の関心のある領域について信念や価値観を分かち合う、⑤構成員は共通の課題や同意された目的のために活動をともにする、といった要素です。

　グループでのかかわりを考える際には、そのグループが他からのはたらきかけにより形成されたものか、自然に誕生したものかを考える必要があります。自然に誕生したグループは、すでに信頼関係や仲間意識が培われているため、対人関係において難しさを経験してきた人にとっても、比較的スムーズに自分の「居場所」を得ることができるという特徴があります。

　一方で、他からのはたらきかけにより意図的に形成されたグループの場合は、参加者は気がついていなくても、大切な「共通の目標」に向けて集まっています。その共通の目標について、支援者は「参加者のニーズ」だと理解していますが、高齢者はグループで同じ体験を分かち合い、それぞれの体験から学び、気づきを得る機会が少ない傾向にあり、グループ内での自分の位置を見極めることが難しいこともあります。したがって支援者は、グループ内での一人ひとりの違和感が少しでも軽くなり、「この場を分かち合ってよい」という空気をできるだけ早い段階でつくり出す必要があります。

● **グループでのコミュニケーションの意義**

高齢者にとってのグループ活動には、表3-3のような意義があります。

表3-3　高齢者にとってのグループ活動の意義

❶対人交流の機会を提供し、社会関係のなかで体験する孤立感などを軽減する。
❷加齢とともに減少しがちな「社会的役割」が、グループへの参加を通して再現されたり、新しい役割を得たりする。
❸さまざまな生活場面で、継続的なサポートとなることがある。
❹お互いの体験や思いを分かち合うことで、自らの歴史の再評価につながる。
❺体験や思いを分かち合うことは、新しい学習体験の場となり、今までに得られなかった技術を獲得することができる。
❻グループに参加すること自体が楽しみとなり、さらにグループで行われるプログラムを通して日常生活に張りが生まれる。
❼治療的なグループでは、機能の改善につながることもある。

グループでの活動は、高齢者には難しいと思われがちですが、高齢者は、これまでの人生において、どこかで必ず何らかのグループに参加しています。したがってまったく初めての体験ということは、ほとんどありません。長い間忘れていたグループ活動への参加は、負担に感じられる部分もありますが、同時に新しいことへの挑戦にもなります。高齢者のグループ活動への参加を勧めることの意義は、すでに身につけていますが、しばらく遠のいてしまっていた「グループ参加の力」を引き出すことにあるともいえます。

● **コミュニケーションの展開過程**

グループには、形成されてから終了するまで、一連の継続的な段階があります（表3-4）。

表3-4　グループの段階

❶初期	支援者（リーダー）が中心
❷展開期前期	特定のメンバー間でのやりとり
❸展開期後期	メンバー同士の自由で活発な相互交流
❹終結期	メンバー自身でグループを展開

❶初期

　支援者が中心となって、一人ひとりの高齢者と相互関係を築いていきます。高齢者は「この集まりは何だろう」「一緒にいる人たちは、どのような人たちなのだろう」と漠然とした不安を抱いていますが、支援者との間に信頼関係が展開するなかでそれが和らぎ、ぎこちなさが軽減してきます。この段階では、高齢者同士の交流は、まだあまり見られません。

❷展開期前期

　高齢者同士の交流が少し進んできます。特にいつも隣りに座る人、以前からの顔見知りなど、特定の人同士のやりとりが進みます。支援者には、形成されはじめた高齢者同士のかかわりをつなぎ、他のメンバーとのかかわりやすべてのメンバーが参加しやすい雰囲気づくりを進める役割があります。

❸展開期後期

　支援者のはたらきかけがなくても高齢者同士の活発な交流が行われます。「このグループは何か期待できそうだ」「何だか皆さんと心が通い合うようだ」といった感覚が芽生え、コミュニケーションが通い合う状況になります。支援者は、当初の立場から、一歩も二歩も引いて、高齢者同士の自由

なコミュニケーションを側面から支える役割を担います。高齢者にとって「あのグループ」だったものが「私たちのグループ」に変化し、独自の文化が形成されます。

❹終結期

　終結期は、展開期後期から準備されます。とりわけ高齢者は、何かが始まれば「終わり」があることを知っています。高齢者のグループの特徴は、終結期の最後の線の引き方がみごとだということです。グループの個性を活かし、また参加者の意図を重ね合わせ、無理のない、誰もが受け入れることのできる「終わりの時」をグループメンバーが決めていきます。今までグループの中心にいなかった人が、「終わりの時」を決める場合もあります。高齢者以外の世代のグループでは、これまで中心にいなかった人が「終わりの時」を決めたりすると、他のメンバーが受け入れず、混乱する場合もあります。そのような高齢者以外の世代のグループの終結期と比べて、高齢者のグループでは、相互に理解し合い、グループの中心ではなく、静かに参加している役であった人が提案する終わり方も自然に受け入れます。

● グループにおける支援者のかかわり

　グループでのかかわりにおいて、支援者はいつも中心にいて高齢者同士の橋渡しをするのではなく、時には黒子のように影から支えることもあります。展開期後期以降は、支援者の役割を高齢者自身が担うようになり、高齢者同士が自ら関係性を展開していきます。

　認知症の高齢者のグループ活動では、毎回、一人ひとりがグループ全体に受け入れられ、自分の位置や役割、居心地をしっかりと保つことができるようになると、本人も周りも驚くほどの力を発揮します。その変化を十

分に理解できると、日常の介護場面でのかかわりについても、介護職が一歩も二歩も下がって黒子の役割をする必要性が見えてきます。さらにグループメンバーの間で、対立や食い違いがあったときでさえ、すでに動き出したメンバーの力を信頼し、理解し合える雰囲気をつくり出すだけで解決は当のメンバーにゆだねることも望まれます。

　支援者は、一歩前に出るときと一歩も二歩も下がって見守るときの兼ね合いを考えながらかかわることになります。それは日常生活において常に「何らかの支援が必要な高齢者」にかかわっている介護職にとっては、めずらしい体験、得難い体験になるのではないでしょうか。

| 演習 | グループサイズの変化の体験 |

❶ 2人1組になり、好きな食べ物について自由に話します（5分程度）。
❷ 次に、2人のグループが2つ集まり、4人で好きな食べ物について自由に話します（5～10分程度）。
❸ さらに、4人のグループが2つ集まり、8人で好きな食べ物について自由に話します（5～10分程度）。
❹ 8人全員で、グループサイズの変化について、気づいたこと、感想などを自由に話し合います。

> **コメント**
>
> グループサイズが変化することにより、話題の広さ、深さ、展開のスピードなどにどのような変化があるかを体験します。また、話しやすさ、聴きやすさ、発言しやすさなど、グループ内での行動への影響についても共有します。グループのサイズ（人数）に適した話題の選び方や支援者としてのかかわり方のヒントが得られます。

3-11 利用者とのかかわりにおける「ストレス」

● 困難を感じた場面を振り返る

　仕事のなかで困難を感じたときに、誰かに助けてもらった経験はあるでしょうか。その経験をできるだけ具体的に思い出してみてください。それは、どのような困難だったでしょうか。その状況を誰がどのように助けてくれたのでしょうか。このように考えてみると、自分が仕事上、どのようなストレスを感じているかが明らかになることがあります。

　人は、自分にストレスがあるかどうかという自覚がなければストレスについて考えることはできません。そして、対人援助の仕事をしている人の場合は、その自覚がなければ、よい支援はできないかもしれません。

　介護職のストレスについては［2-05］（72頁）で示しました。ストレスは、客観的に考え、人に話してみると、自分では深刻な問題だと思っていたことが、意外と誰でも思っていることだったということがあります。反対に、何となく気になるので人に話したところ、実はとても重大な問題であったということもあります。

● 利用者に対して感じるストレス

　利用者とのかかわりにおいてストレスを感じるという相談を受けることがあります。具体的には、認知症の高齢者に対することが多い傾向があります。ここで考えたいのは、利用者は自分の意思で介護を受ける状況になったのではありませんが、介護職は自分の意思でこの状況を選んでいるということです。つまり、介護を提供する側には目的や意思がありますが、介護を受ける側の利用者にとっては、この状況は自分の意向に沿ったもの

ではありませんし、介護を受ける目的がはっきりしているわけでもありません。

　介護の現場では、この両者が顔を合わせて生活していくため、特別に意識をしていなければ、利用者の生活はさまざまな面で介護を提供する側に引っ張られてしまうのが自然ではないでしょうか。どんなに「対等な関係」だといっても、利用者と介護職の関係は、もともと、力関係があるなかで始まるということを十分に理解しなければなりません。そして、その力関係に基づく「位置」を変えるためには、利用者の語る思いはもちろんのこと、語らない思いもできるだけ明確にして支援していく必要があります。

　利用者の思いを受け止めることは、介護職として当然のことですが、そもそもの位置関係が対等ではないので、意図的に行わなければ利用者との信頼関係は成り立ち得ないともいえます。この点が、サービスを受ける側と提供する側の双方の目的が明確な他のサービス業とは根本的に異なるのです。

● 「位置関係」を意図的に変える

　利用者が自分のことを話すとき、そこには「自分の話を聴いてほしい」という思いがあることは想像できるでしょう。しかし、同時に、自分のことを話すことで、自分の弱さを出すことにもなっており、そのような状況を少し我慢しながら話していること、今伝えている思いには、ためらいや恥ずかしさもあることを理解することが大切です。入浴や排泄の介助などを受けることも同じです。介護をしてほしいという利用者の「思い」とは別に、自分のできないことを打ち明け、助けてもらっている状況に向かい合い、耐えていることを忘れてはなりません。このような思いを介護職が理解し、意識的に力関係を変えることを考えていかない限り、利用者との

「対等な関係」や「信頼関係」などはあり得ないのです。

　「いつもすまないねえ」という言葉が表す、遠慮や恥ずかしいという思いから、利用者が抜け出すためのカギを握っているのがコミュニケーションです。コミュニケーション（かかわり）を通して、利用者と介護者の立つ位置を変えていく方法を一人ひとりの介護職が生み出していってほしいと願います。

●「共感性」を高めるには

　話すことができない人や自分の思いを明確にできない人については、どのように考えたらよいでしょうか。1つの方法として、80歳になった自分がその人にどうかかわるかを想像してみるとよいでしょう。80歳、85歳になった自分が、目の前にいる利用者に対してどのようにかかわるのかを想像して、今の自分のかかわり方との違いを考えてみると、そこにヒントが隠されているかもしれません。つまり、自分自身の「老い」について見つめ直し、老いた自分の視点で目の前の利用者を見つめ直してみます。そしてどのように対応するか想像します。これは「相手の身になって考える」ということとは異なります。自分が目の前の利用者と同じように老いたとき、どのように感じ、どのように対応するか、今の自分の対応の仕方を重ねて考えてみましょう。ここで大切なのは、自分がそのときどう思うかだけではなく、どうかかわるかを考えることです。

　利用者への共感性の高さや深さは、高齢者と生活したり、かかわったりした経験があるかどうか、またはそのかかわり方によって異なります。高齢者とのかかわりの経験がない人は、自分のなかに自分の祖父母をイメージし、いつも自分のなかの祖父母のことを考えながら目の前の利用者を支援するかもしれません。自分と祖父母との関係性を思い描きつつ、祖父母と同世代の人を支援することにより共感性が高まり、利用者から見える自

分も変化するのではないかと思います。

　自分の祖父母を想像できれば、自分自身が歳を重ねることについても想像できるようになります。そしてその結果、利用者との間の「ストレス」は生じなくなるのではないでしょうか。

● 「ストレス」への対応方法

　「この仕事には、いろいろと大変なことがある」と思っているのは、介護職側の問題であり、介護職が利用者との位置関係を意図的に変えて考えることで、「いろいろなことがあるけれど、思っているほどたいしたことではない」と思えるようになります。逆に言うと「たいした問題ではない」と思えるようになれば、もう利用者と介護職の位置関係、力関係は変化しています。

　世の中にはさまざまなストレス尺度があります。介護職など、対人援助にかかわる仕事における「ストレス」は、ものさしで簡単に測定できるものではありませんが、例えば、30cmというゴール地点さえ見えていれば、日々のいろいろな出来事が、1mm程度の小さなストレスだったり、5cm程度の比較的大きなストレスだったりしても一つひとつはたいしたことはないと思えるのではないでしょうか。また、人生は堂々めぐりであって、一度解決したと思ったこともまた突然、目の前にやってきて、立ちはだかることもあります。反対に、もう解決不能だと思っていたことも、いつの間にか解決して目の前から消えていることもあるのです。そのように考えることも1つの対応方法です。

● 「怒り」の感情の表現方法

　さまざまな対応方法を検討しても、どうしても整理できない感情もあります。そのときには、ストレスを感じているという状況が利用者本人には

伝わらないようにしなければなりません。そもそもの立場が、先に述べたように「力関係」によって始まっているからです。

「怒り」の感情には、表面化する（表現する）必要がないことがたくさんあります。また、たとえ表現するとしても、小さな表現で済ませるのか、大きな表現にするのかを考えることもできます。身体が震えてしまうほどのどうしようもない怒りや憤りを感じたとき、そして、その大きな怒りが身体から飛び出しそうになったとき、怒りのレベルを自分でコントロールして表現することで解決できることもあります。

そのためには、普段から自分のなかにいくつものレベルを設定しておき、自分でレベルをコントロールして表現するように心がける必要があります。「怒り」「憤り」「悔しさ」「悲しみ」などの激しい感情をそのまま出すのではなく、少し緩やかに表現できるような方法を知っておきたいものです。また、利用者が抱く感情についても、その表現のレベルや方向性を変えるような支援ができれば、利用者自身の「悪循環」を変化させることができる可能性があります。

［2-03］（60頁）で学んだ、自分の感情表現、［3-05］（116頁）で学んだ高齢者の感情表現についても振り返ってみてください。

| 演習 | 怒りのサイズ |

❶「怒りの感情」に、大、中、小の３つのレベルがあると想定します。
❷誰かに対して、どうしようもないほどの怒りや不満の感情を抱いたときのことを思い出して、そのときの気持ちを言葉で表現してみましょう。
❸次に、その怒りのレベルを「大」から「中」に下げて表現してみてください。
❹さらに、「小」のレベルに落として表現してみましょう。
❺怒りの感情の変化について、感じたことをまとめてみましょう。

コメント

どうしようもない怒りや憤りの感情は、そのままストレートに表現するのではなく、自分でその大きさをコントロールして表現することができると、自分自身で受け止めることができることがあります。また、ストレートに表現することで切れてしまう関係性もレベルを落として伝えることで、維持できたり、より良好になったりする可能性もあります。

| 演習 | ストレスの影響 |

「ストレス」は、人の話を聴く際にどのような影響があるか体験してみましょう。

❶ 2人1組になって、語り手と聴き手の役割を決めます。
❷ 語り手は、最近の関心ごとについて話します。
❸ 聴き手は、何か気がかりなことを思い描きながら語り手の話を聴きます。
❹ さらに、聴き手は重い物を抱えて話を聴きます。
❺ 次に、「気がかりなこと」を一度、頭の中から追い出し、重い物も置いて心と身体を楽な状態にして語り手の話を聴きます。
❻ 語り手と聴き手の役割を交替したあと、語り手としての「話しやすさ」について話し合い、共有します。

> **コメント**
>
> 聴き手に何かストレスがある場合は、自分の気がかりなことにとらわれてしまい、語り手の話に集中できません。一方、目の前で熱心に話している語り手の思いに寄り添い、「聴かなければ」という焦りもあります。自分の気がかりなことにも集中できず、語り手の思いにも寄り添えず、どちらもわからなくなり、不十分さや不全感が蓄積していきます。そして聴き手のストレスに感じていることは、語り手にも伝わります。頭の中から気がかりなことを追い出し、身体を楽にして聴くことができると、語り手の話は、違ったように聴こえてくるでしょう。[2-04]（64頁）の自分の「関心」の向いている方向と重ねて考えてみてください。

3-12 家族を理解するとは

● 「家族支援」の意味

　「家族とのかかわり」「家族への支援」などを考えると、いつもそのこと自体の尊大さに思い至ります。「利用者を支援する」というときにも、「支援する人」と「支援される人」と表現されることに違和感がありますが、利用者との間にはサービスを介した制度上のシステムがあるので理解することはできます。しかし、「家族を支援する」という場合は意味が異なります。家族とのかかわりを考える際には、この点を常に意識しておく必要があります。

● 家族の内部と外部

　家族の「像」は、その一員として内部から見る様子と支援者として外部から見る様子とでは異なります。介護職が支援者として外部からかかわる場合には、この点を理解し、家族のダイナミクスや家族関係がどのようになっていたのか、現在どうなっているのか、そして今後どうなっていくのかをみていくことが大切です。このとき、一人ひとりの家族員の家族内部での位置づけや関係性に配慮するとともに、外部とどのようにつながっているのかも考慮してみていく必要があります。

　しかし多くの場合、家族はガードが固く、外部の人には壁をつくります。家族の内部と外部との境界をはっきりと引いているのです。したがって家族員の外部とのかかわりを把握しつつ、家族にかかわっていくことが求められます。つまり、家族に直接はたらきかけて変化を促すのではなく、さまざまな媒介を通して、家族員がそれぞれに外部とのつながりのなかで自

ら関係性を変えていくことを支援するのです。

　家族には、自らバランスをとって、収まりどころを見つける力があります。その収まりどころは、高齢者が亡くなった後に見つかることも少なくないため、支援する介護職は、その変化をじっと待つ姿勢が求められることもあります。決してわかっているそぶりをみせてはいけません。「あなたは親の介護をした経験があるの？」「あなたは子どもはいらっしゃるの？」などの家族からの言葉は、わかったようなことをいってほしくないという、家族の内部からの外部の者に向けたメッセージでもあるのです。

　家族療法では、家族の構造を理解し、家族の内部と外部を区別して考えたほうが家族の力を引き出すことができるとしています。家族の内部と外部を曖昧にしていると、支援者が家族の問題に引き込まれたり、家族がより一層、混乱したりするためです。

　家族の間のコミュニケーションでは、家族にしか通用しない言葉がたくさんあります。それは家族だから許されることであり、いくら親しいからといって、同じ表現を介護職が使ってよいとは限りません。家族とのコミュニケーションにおいて、決して間違えてはいけない点の１つです。

● **自分の家族経験の影響**

　家族にかかわる場合は、自分自身の家族経験、自分の家族に対する見方が、利用者の家族やその関係性をみるときに影響していることを認識する必要があります。家族とかかわる際には、自分自身の「家族で暮らすこと」「家族で支えること」のイメージと重なりがあるからこそ、自分の経験を活かすこともできます。言い換えれば、介護職は、自分の経験を活かせるように考え、かかわっていく必要があるということです。相手を支援する場合に、自分自身の経験を道具として、相手に合わせて使えるようにしていくことが大切だといえます。

家族とのかかわりのなかで、「あなたには家族がいないからわからないでしょうけれど」と言われた経験はあるでしょうか。この世に生まれてきた以上、家族がまったくいないという状況は考えにくいので、その言葉には介護職を試したり、「もう少し考えてみてください」というメッセージを含んでいると考えることができます。

一方で、利用者の家族にかかわる際に、自分自身の中に理屈にならない強い思いを感じるときには、自分と自分の家族の関係を取り込んでしまっている場合もあります。利用者と家族の関係性をみるときには、自分自身の家族経験がどのように影響しているかを見極めることも必要になります（図3-7）。

図3-7 支援者・支援者とその家族・利用者とその家族の3者関係

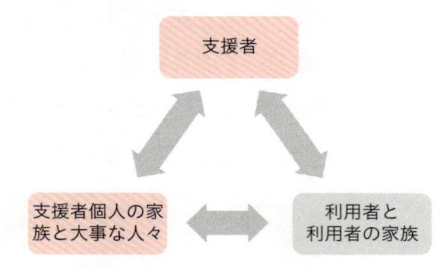

```
              支援者
             ↗    ↘
            ↙      ↘
   支援者個人の家  ⇔  利用者と
   族と大事な人々     利用者の家族
```

出典：Ren'ee S. Katz., *Using Our Emotional Reactions to Older Clients / A Working Theory*, 1990. を改変

● **高齢者が家族を語るとき**

「もしも別の家族に生まれていたら、こんなふうにはなっていなかっただろう」と話す高齢者がいますが、それは本気で思っている訳ではないと思います。家族の歴史や過去を修正することはできません。また、高齢者の場合は再構築する時間も限られているので、それもあえて望まないでしょう。つまり高齢者が家族について否定的な話をするときでも、実はそ

の状況を受け入れていることが多く、過去や現在の家族関係の大きな変化を望んでいる訳ではないのです。

　高齢者が家族のことを話すとき、それは今の家族を否定しているのではなく、外部の人に話すことで今後の家族のあり方に何らかの期待を込めている場合もあります。家族は、介護を通して家族の今後のあり方を考え、変えていく機会を高齢者に与えてもらっていると考えることができます。これは、高齢者が亡くなった後に気づくことが多いものです。「その人を家族でどのように支えていくか」を考えていくことは、その後の家族のあり方を考えるきっかけになるのです。支援者（外部の人）には、高齢者が何を伝えたいのかを受け止め、理解する役目があります。なぜ、外部の者に話しているのか、その意味を考えなければなりません。

　家族について「うちの家族はね」といえるということは、その人が家族のなかでしっかりと生きてきた証です。自分の家族について伝えることができるということは、受け止めているということであり、その内容は否定的であってもよいのです。高齢者には、どのような内容であれ「うちの家族はね」といえるような場面を経験して、最期を迎えてほしいと思います。

　同じように思い出話ができるということにも大きな意味があるといえるでしょう。実際には、家族の話も思い出話もできないまま、最期を迎える高齢者も少なくありません。家族の話をするような場面を経験できるように、その家族にかかわっていくことが介護職の重要な役割の1つであるといえます。

● **家族からの虐待が疑われるとき**

　いつも世話をしてくれる家族について、高齢者が自ら「傷つけられている」「暴力を受けている」とは決していわないでしょう。また、認知症の人の場合は、たとえ伝えようと思ったとしても、それを言語化したり、傷

つけられた記憶をとどめておいたりすることが難しいという状況もあります。つまり、高齢者本人から虐待の被害について教えてもらうことはとても難しいのです。

そこで介護職は、高齢者の身体にあざがあるとか、家族に対しておびえている様子が見られるなど、高齢者が発しているサインを的確にとらえることが大切です。このとき、高齢者と家族の両方を思いながら対応していく高いコミュニケーション力が求められます。

介護職は、虐待をしている家族と同じ言い回し、振る舞い、行為などを高齢者に対して、決して行ってはいけません。家族と同じコミュニケーションを行う場合は、状況の改善のために、明確な目的をもって意図的に行う覚悟が必要です。

専門職に求められるコミュニケーション力は、主観と客観とを区別しながら、過去に何があったか、現在はどのような状況かを把握し、今後どのようになるのかを予測して伝えられることです。家族からの虐待が疑われるときこそ、専門職としてのコミュニケーション力が試される場面といえるのかもしれません。介護職として高齢者の人権を守るという責任をどのような行動で果たしたらよいのかは、とても難しい課題ですが、大切なのは、家族に対しては「決めつけない」こと、高齢者に対しては「寄り添い、支える」ことだといえるでしょう。

● 介護する家族を理解する

アルツハイマー型認知症の夫を介護しているＣさんが次のようにおっしゃっていました。

「お父さんと結婚するまで、人に言えない苦労をしてきました。出会って結婚してから、お父さんの楽天的な見方が自分を変えてくれたのではないかと思います。今、人が変わったような振る舞いをお父さんがするとき

があります。でも『どうしたの、お父さん？』と言うと、はっとしたように私を見ます。そんなとき、何かが通じているようでほっとします。」

　家族にとって認知症という病を受けとめることは、さまざまな情報や知識を見聞きしていたとしても、とどまるところのないつらい体験です。愛する家族が今までにない様子や理解のできない行動をする姿に、戸惑いと同時に、いったい何が起きているのだろうか、この先どうなっていくのだろうかという不安が募ります。筆者の体験からもまた、ご家族の方から伺う時々の思いからも、さまざまに錯綜する自分と認知症の方とのコミュニケーションが重ねられていきます。

　周りの家族や傍の人の行動がそのコミュニケーションを複雑にしてしまうこともよく起きてきます。動揺や混乱は続き、今ある状態や認知症の人の行動を否定してしまう無意識の動きもあります。また自らの拒否は、むなしさや深い悲しみにもつながります。Ｃさんは、ちょっとした気づきやほっとする瞬間がコミュニケーションの合間の救いになっていると静かに話されていました。

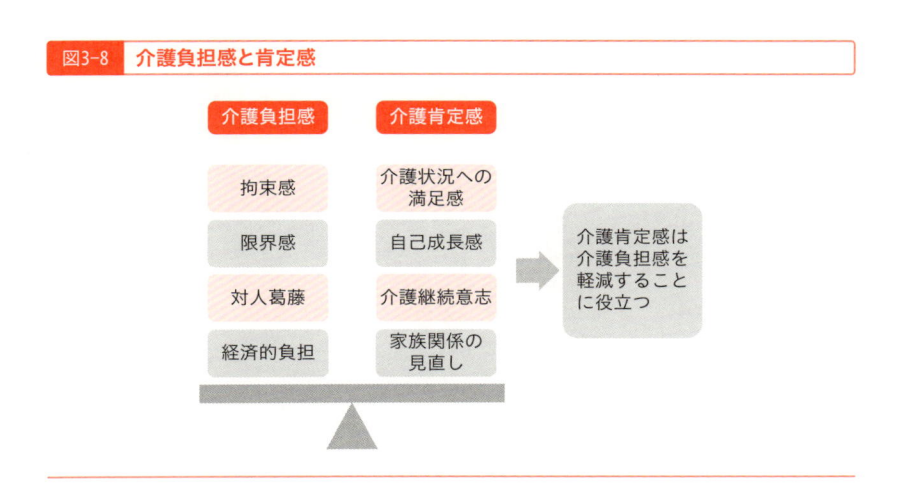

図3-8　介護負担感と肯定感

介護負担感	介護肯定感
拘束感	介護状況への満足感
限界感	自己成長感
対人葛藤	介護継続意志
経済的負担	家族関係の見直し

→ 介護肯定感は介護負担感を軽減することに役立つ

12　家族を理解するとは

介護することの負担感を拭い去ることは難しい一方で、介護の体験は、図3-8に示すような秤のバランスで、介護のもたらす意味を得ていくことを促してくれます。認知症になった夫や妻、親を介護し、看取りを行った多くの人が支援の輪を広げています。また、介護者の集まりが力強い相互の支え合いの機会を展開しています。

　認知症の人もその家族も地域や社会から切り離さないこと、離れてしまうことが危惧されるときには適切な方法でつなぎとめ、共に歩むコミュニケーションの場をつくることが望まれます。

演習　ジェノグラムを描く

　自分の祖父母の世代までさかのぼってジェノグラム（家族図）を描いてみましょう。そのとき一人ひとりについて頭の中にイメージしながら描きます。自分に似ている人、自分とは正反対の人などを意識してみましょう。そのなかの一人に思いをはせ、架空の手紙を書いてみましょう。

〈ジェノグラムの記号〉

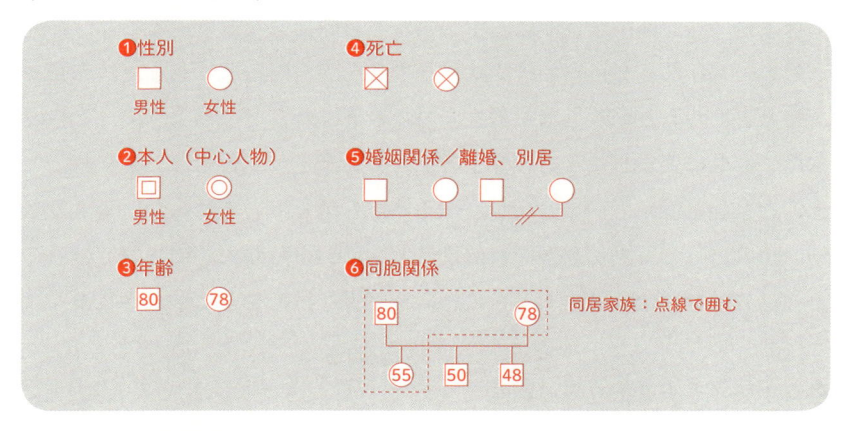

❶性別
□ 男性　○ 女性

❷本人（中心人物）
□ 男性　◎ 女性

❸年齢
80　78

❹死亡
⊠　⊗

❺婚姻関係／離婚、別居

❻同胞関係
同居家族：点線で囲む

コメント

自分自身の父母や祖父母について視覚的に表現してみることで、高齢者の人間関係の広がりを実感できます。ジェノグラムの正しい描き方も身につけておくとよいでしょう。

3-13 高齢者とのかかわりのなかで得られるもの

● 人生における振り返りの意味

❶「生まれたときの自分」について知るとき

　人生は、生まれてから乳児期、幼児期、学童期、青年期、成人期そして高齢期というように、その年齢特有のさまざまな経験を積みながら進んでいきます。幼児期や学童期に、生まれたときの自分を振り返ることは、何かのニーズがあって行うわけではありませんが、両親は「あなたは赤ちゃんのときにね」とか「あなたの生まれたときはね」というように、それとなく子どもに生まれたときの様子を伝えています。子どもは、生まれたときのことなど憶えていませんし、知る必要も感じていませんが、今よりも幼い頃の自分の写真や映像を目にするときに、自分が大切にされていること、自分の存在は価値のあるものという感覚を得ることにつながります。

❷ 青年期に過去を振り返る意味

　青年期に乳児期や学童期について振り返ることは、学校教育や家族のなかで、意識的にはたらきかけられます。人のアイデンティティへの問いかけとして、この時期は前の時期を振り返ると同時に、未来への問いかけともなります。つまり「あなたは将来、何になりたいか」と問いかけられると、主に未来について思いを巡らせますが、同時に生まれてから今まで自分は何をしてきたのかを振り返ることになります。だからこそ、振り返る過去の記憶を消してしまって「ないもの」としている場合の青年期のつらさは、多くの問題を生み出すことになるのです。

❸成人期の振り返りは過去と未来の結節点

　成人期にそれまでの人生を振り返ることは、高齢期に進むために必要な儀式のようなものです。つまり成人期に今までの自分の人生を振り返ることで、はじめて「高齢者」としての一歩を踏み出すことができるように思います。というのも学童期や青年期に比べて、社会的な責任、家庭や職場での役割、人間関係などが大きくなり、それに伴って、自分の言動がこれまでよりも大きな意味をもつようになるからです。同じ行動をしても、それに伴う責任と社会的影響力が大きくなるので、その分、自分自身を振り返り、意味づけをしなければ、前に進むことができません。

　人生の意味づけは、振り返りだけによって行われるわけではありませんが、成人期には、人生の折り返し地点が位置づけられており、過去と未来の結節点を含むことを考えると、振り返ることの大切さがわかってくるのではないでしょうか。

❹高齢者が人生を振り返る意味

　高齢者は、乳幼児期、学童期、青年期、成人期を経験してきた人々です。ごく自然に過去と未来の結節点を通過し、今を過ごしています。一般に「この時期が自分の結節点だった」と意識できるのは、それを過ぎてある程度の時間が経過してから、つまり高齢期になってからなのかもしれません。「人生を振り返る」という行為は、高齢者になるずっと以前から行っているのですが、「十分に人生を振り返ってよい」と認められるのは、高齢者になってからだということもできます。「まとめ」という時期を過ごしているからこそ、少し立ち止まって、それぞれの人生の時期がどのような意味をもっていたかを見つけ出すことも楽しいのではないでしょうか。

　人生の意味づけが大切だと述べてきましたが、高齢者のなかには、人生

を振り返るとき、あえて意味づけをしない人もいます。乳児期から成人期までのそれぞれの時期の意味づけをせずに、全体をセピア色の写真のように「イメージ」として描き、受け止める場合もあります。懐かしい、温かい、楽しいなど、さまざまな思いとともに振り返りを終わらせることも大切な体験だと考えます。

● 人生のまとめを歩む高齢者にかかわるということ

　以上のように人生を振り返り、意味づけをしている高齢者にかかわること、とりわけ介護職としてかかわるということをどのように考えたらよいでしょうか。介護職は、これまでもこれからも、目の前の高齢者とは異なる人生を歩み、自分の人生に意味づけをしていきます。異なる人生を歩み、異なる意味づけをしている介護職がかかわることによって、高齢者の人生は自分では思ってもいないほどの輝きをみせる可能性があります。「相手を通して自分が見える」といいますが、高齢者は自分よりも若い世代の介護職を通して自分自身を見ているように思います。一方で介護職は、まだ見ぬ自分の高齢期の姿を高齢者とのかかわりを通してイメージします。

　高齢者にかかわるということは、無意識に高齢者との間に相互補完的な関係を築いていくことだということができます。[1-02]で紹介した相互のエンパワメントの図を思い出してください（9頁）。高齢者とかかわるとほっとする、安心するといった体験をもつ人も多いと思いますが、その背景には、相互補完的な関係の特質があるのです。例えば、仕事として高齢者にかかわっているけれど、仕事を超えた実りがあると感じたり、日常の意図的な援助を通して自分のなかに喜びを譲り受けたりできることがあると思います。高齢者との間で「あなたに会えてよかった」「こちらこそお会いできて多くを学ばせていただきました」というやりとりがごく自然に交わされるとき、高齢者は淡い期待を含んで次の世代に「大切な何か」

を渡していくことを意識しているのです。

● **自分の「時」と相手の「時」を重ねる**

　「人生のまとめを歩む高齢者」というとき、「人生」「まとめ」「歩む」という、3つの言葉すべてに「時」の経過と「時」を過ごしている人の姿が見えてきます。「時」というつかみがたい概念をどのように理解するかは、人それぞれです。もっとも象徴的な「時」を「歴史」と表す人もいますし、季節や時刻、人生、一瞬、間、リズム等さまざまな表し方が豊かに存在します。どのような「時」を選ぶかは、その人次第といえるでしょう。

　一方で、これまで考えてきたように、コミュニケーションは人と人との相互作用から成り立つものです。つまり、自分の「時」と相手の「時」が重なり合うことで成り立ちます。介護職が高齢者にかかわる際に共有する「時」は、介護職であるあなたの「時」でしょうか。そうであると同時に、相手の高齢者の「時」でもあります。高齢者は、目の前の若い介護職を自分の人生のどこかで出会った「あの人」に重ね、「あの人」との「時」を何となく思い浮かべているかもしれません。それは、戻ることのできない郷愁のようなものでもありますし、また、介護職に寄せるほのかな期待でもあります。高齢者の共感の力は、とても深いと述べました。その深い共感の力があるから、目の前の介護職にさまざまな期待と思いやりをなげかけることができるのだと思います。

　80歳、90歳の高齢者にとって、これからの人生は、これまで人生の長さとくらべてとても短いものです。短い期間に人生の総括をして、今後の人生を変えていこうと思う人はあまりいないでしょう。80歳、90歳の高齢者にとっては、自分の人生の先を見るのではなく、これまで培ってきたこと、築いてきたことを次の世代、またはその次の世代の人たちに委ねることを

「まとめ」と考えているのではないでしょうか。つまり、終えるためにまとめるのではなく、未来への橋渡しとしてのまとめがあるように思います。「これまでの時をまとめて、未来へと解き放つ」といったイメージでしょうか。解き放つ相手として、ごく近しい人や若者、世間や社会に対して、そして介護職を選ぶ人もいるのです。

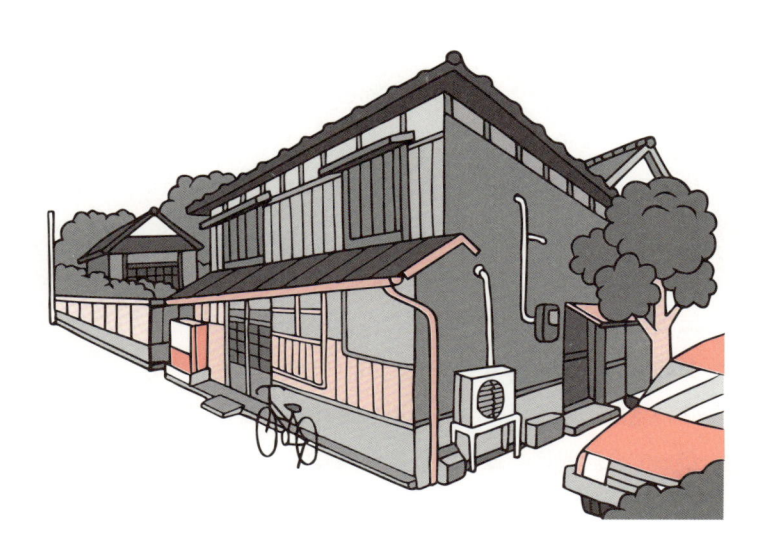

13　高齢者とのかかわりのなかで得られるもの

Column 四世代のジェノグラム

　高齢者ケアにおいて、高齢者自身の生活歴や家族関係を理解するうえで、ジェノグラム（家族図・家系図）を描くことは欠かせません。一般的には、高齢者本人世代が一番上にあり、子ども世代、孫世代をつなぐといった三世代のジェノグラムを描くことが多いと思います。それは、高齢者から話を聴くことが難しいときに、子ども世代や孫世代から聴くことが多いからです。一方で、高齢者の思い、ニーズ、希望等を大切にしていくときには、高齢者世代に影響を与えてきた上の世代の情報を得ることも大切です。

　高齢者が上の世代の人について話すとき、その世代の人はすでに他界していることがほとんどです。それでも両親や兄弟姉妹の話を、高齢者の上の世代を含む、四世代のジェノグラムを描きながら聴くことで、住んでいた場所の様子などが明確になってきます。過去の話を無意識のうちに「今」とつなげて話す高齢者もいます。そのような話は、日常の場面では、なかなか聴くことのできないものです。その人を理解するために、ジェノグラムを描くことを目的として話を聴くと、その人にとって大切な記憶をきちんと記すことができます。

　実際に記入していく場合、高齢者の親の世代について知っている家族は限られていますし、高齢者自身が認知症であったりコミュニケーションの障害がある場合も少なくありません。それでも、自分の親や兄弟姉妹の話は、ときには、繰り返しを伴いながら何度も表現されます。したがって介護職は、繰り返し語られる話を聴き流すことなく、その人のケ

アに活かす情報としてジェノグラムに記録していくことが大切です。

　ジェノグラムを高齢者とその息子さんと一緒に作成したこともあります。そのときに、息子さんは両親の若いころの話、自分の知らなかった家族の歴史や両親の出会いの話を聴いて、脈々と続く自分たちの世代への伝言のようなものを感じたと話していました。ジェノグラムの活用は、高齢者のメッセージを子どもの世代につなげる有効な手段になることもあるのです。

図3-9　三世代のジェノグラム（家族図）

- 高齢者本人世代
- 子ども世代
- 孫世代

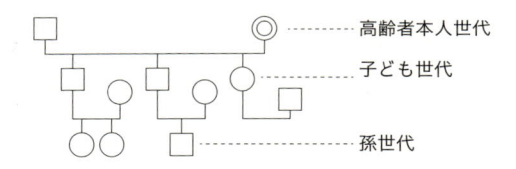

図3-10　四世代のジェノグラム（家族図）

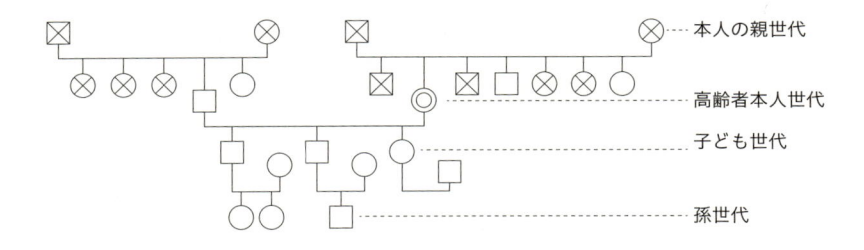

- 本人の親世代
- 高齢者本人世代
- 子ども世代
- 孫世代

Column　四世代のジェノグラム

あとがき

　対人援助職のコミュニケーションとは別の方向から、「コミュニケーション」に期待をもつ経験をしてきました。家族をもってから、長い間いくつもの国で暮らし、学び、仕事をすることを体験してきました。空港に降り立ち、その日からその国の言葉で、また言葉を超えて、人と人は通い合い、分かち合い、補い合うことができること、そのことはいつしか信念になっていたのかもしれません。多くの国や地域でお目にかかった方たちが浮かんできます。

　今まで、はっきりした終わりのない終結を繰り返し、何か1つのことが終わったと思ってもまた、そのすぐ先に別のことが続いているという暮らし方をしてきました。本書を執筆し終えた今、やはり「終わった」という感慨はあまりありません。むしろこの先どのくらいの長さになるかわかりませんが、人生のまとめを歩む者として、ひとときの「区切り」をした思いです。遠野の高齢者の方が、回想グループの際に教えてくださった締めくくりの仕方である「どーんど晴れ」という言葉をお借りし、ひとまず筆を置くことにしたいと思います。

　この書は、数限りない高齢者の皆様、教育・研究に協力してくださった関係者の皆様との出会いとかかわりから生まれました。改めて心から感謝申し上げます。また、書き始めからまとめまで、遅い歩みのわたくしを終始、励まし続けてくださった中央法規出版の須貝牧子氏のご示唆は、かけがえのないものです。最後に日常の暮らしのなかで、コミュニケーションの楽しさを共有することのできる家族に感謝致します。

2014年6月　紫陽花の咲く頃に
野村豊子

参考文献

Ryan,E.B. et al., 'Changing the way we talk with elders: promoting health using the communication enhancement model', *International Journal of Aging and Human Development*, Reprinted with permission of Baywood Publishing, 41(2), 1995.

Toseland,R.W. & McCallion,P., *Maintaining Communication with Persons with Dementia : an educational program for nursing home staff and family members―Leader's Manual―*, Springer Publishing Company, 1998.

Philip Burnard, *Counseling Skills for Health Professionals* CHAPMAN & HALL, London, 1989.

Gerard Egan, *INTERPERSONAL LIVING―A Skills / Contract Approach to Human-Relations Training in Groups―*, Brooks / Cole, 1976.

Gerard Egan, *YOU & ME―The Skills of Communicating and Relating to Others―*, Brooks/Cole, 1977.

A. Brown, I. Bourne, *The social work supervisor―supervision in community, day care, and residential settings―*, 1995.

馬場房子・小野公一『「働く女性」のライフイベント―そのサポートの充実をめざして―』ゆまに書房、2007年

B. ドゥ・フリース監修、野村豊子・伊波和恵監訳『人生の終焉―老年学・心理学・看護学・社会福祉学からのアプローチ―』北大路書房、2005年

公益社団法人認知症の人と家族の会愛知県支部編集『介護家族をささえる―認知症家族会の取り組みに学ぶ―』中央法規出版、2012年

索引

欧文

Off-JT	082
OJT	082
PERCEIVE	003
SD	082
SOLER	066

い

怒りの感情	158, 159
生きがい	101
位置関係	155
位置取り	005
隠蔽部分	054

う

受け手	020

え

影響力	104
エンパワメント	009

お

送り手	020, 024
オフ・ザ・ジョブ・トレーニング	082
オン・ザ・ジョブ・トレーニング	082

か

介護家族	166
介護肯定感	167
介護負担感	167
回想	140, 145, 146
回想法	140
開放部分	053
カウンセリング	016
家族	162
家族支援	162
家族とのコミュニケーション	163
葛藤	072
環境	032, 034
関係性の進展	056
感情	060, 119, 121
感情表現	060, 062, 103, 116
関心	064, 071
…の3つの領域	064
…の焦点	070

き

虐待	165
共感性	156
共鳴する力	103
距離感	004, 017

く

グループ	148
…の段階	150
グループ回想法	142
グループサイズ	153
グループでのコミュニケーション	148

け

言語的な経路	025

こ

孤独感	126, 127
コミュニケーション	002
…の構成要素	020, 023
…の展開過程	149
…の伝達経路	024
…の評価	014
コミュニケーションスキルマニュアル	091
コミュニケーションスタイル	042, 049

さ

雑音	024, 026, 031
察する力	102

し

死	128, 135
ジェノグラム	169, 176
自己開示	052, 055
…の基準	056
…の深さ	056
自己概念	052

自己啓発	082
視線	068
社会的雑音	028
受信	021
受信者	107
ジョハリの窓	052, 059
身体的雑音	027
信頼感	100
信頼関係	096, 156
心理的雑音	027

す

スーパービジョン	083
スケープゴーティング	079, 080
スケープゴート	076, 081
ストレス	072, 154, 160

せ

生活場面面接	109
セラピー	016
セルフ・ディベロップメント	082
セルフ・ネグレクト	136, 139

そ

送信	021, 024
相談	108
相談面接	108
ソーラー	066
疎外感	126, 127

ち

沈黙	025

て

適切な変換	006
伝達経路	024

と

閉じこもり	122
閉じた姿勢	067

な

内的世界	021, 029, 097
ナラティヴ	008

に

ニーズ	096
認知症の人とのかかわり	091
認知症の人の理解	090

ね

ネグレクト	136

は

発信者	107

ひ

引きこもり	123
非言語的な経路	025
開いた姿勢	067

ふ

吹き出しチェア	106
物理的雑音	026, 031
振り返り	015, 170
プロトジー	084

ほ

防衛機制	027, 028

み

身代わり	076
未知部分	054

め

メッセージ	021, 024
面接	109
メンター	084
メンタリング	084

も

盲点部分	053

り

利用者理解	088
療法・専門的アプローチ	109

著者略歴

野村豊子（のむら　とよこ）

トロント大学社会福祉大学院（Master of Social Work）。長谷川病院老人社会事業科長、岩手県立大学社会福祉学部教授、東洋大学ライフデザイン学部教授等を経て、現在、日本福祉大学社会福祉学部教授、東洋大学大学院福祉社会デザイン研究科客員教授。国際回想法・ライフレヴュー協会顧問。主な著作に『回想法とライフレヴュー　その理論と技法』（中央法規出版）、『高齢者の「生きる場」を求めて　福祉、心理、看護の現場から』（編著、ゆまに書房）、『グループワーク入門　あらゆる現場で役にたつアイデアと活用法』（監訳、中央法規出版）、『ソーシャルワーク・入門』（共著、有斐閣）、『コミュニケーション技術』（編著、中央法規出版）、『Q＆Aでわかる回想法ハンドブック　「よい聴き手」であり続けるために』（編著、中央法規出版）、『ビデオ回想法　思い出を今と未来に活かして』（監修、中央法規出版）などがある。

高齢者とのコミュニケーション
利用者とのかかわりを自らの力に変えていく

2014年7月20日　発行

著　者	●●●●●●●●●●	野村豊子
発行者	●●●●●●●●●	荘村明彦
発行所	●●●●●●●●●	中央法規出版株式会社

　　　　　　　　　　〒110-0016　東京都台東区台東3-29-1　中央法規ビル
　　　　　　　　　　営　　業　TEL 03-3834-5817　FAX 03-3837-8037
　　　　　　　　　　書店窓口　TEL 03-3834-5815　FAX 03-3837-8035
　　　　　　　　　　編　　集　TEL 03-3834-5812　FAX 03-3837-8032
　　　　　　　　　　http://www.chuohoki.co.jp/

印刷・製本　●●●●●●●●　長野印刷商工株式会社
本文・装丁デザイン　●●●●　大下賢一郎
本文イラスト　●●●●●●●　内山良治

定価はカバーに表示してあります。
ISBN978-4-8058-5036-7

本書のコピー、スキャン、デジタル化等の無断複製は、著作権法上での例外を除き禁じられています。また、本書を代行業者等の第三者に依頼してコピー、スキャン、デジタル化することは、たとえ個人や家庭内での利用であっても著作権法違反です。

落丁本・乱丁本はお取替えいたします。